独角兽 文库

奇虎360：
互联网颠覆者

刘帅 编著

中国致公出版社
China Zhigong Press

图书在版编目（CIP）数据

奇虎360：互联网颠覆者 / 刘帅编著. -- 北京：中国致公出版社，2020

ISBN 978-7-5145-1438-4

Ⅰ.①奇… Ⅱ.①刘… Ⅲ.①软件开发—电子计算机工业—工业企业管理—研究—中国 Ⅳ.①F426.67

中国版本图书馆CIP数据核字（2019）第180951号

奇虎360：互联网颠覆者 / 刘帅 编著

出　　版	中国致公出版社
	（北京市朝阳区八里庄西里100号住邦2000大厦1号楼西区21层）
发　　行	中国致公出版社（010-66121708）
责任编辑	王福振
策划编辑	陈亚明
封面设计	金　帆
印　　刷	华睿林（天津）印刷有限公司
版　　次	2020年4月第1版
印　　次	2020年4月第1次印刷
开　　本	710mm×1000mm　1/16
印　　张	12
字　　数	190千字
书　　号	ISBN 978-7-5145-1438-4
定　　价	38.00元

（版权所有，盗版必究，举报电话：010-82259658）

（如发现印装质量问题，请寄本公司调换，电话：010-82259658）

PREFACE 序言

与其在别处仰望，不如在这里并肩

奇虎360，全称为"三六零安全科技股份有限公司"。它是在2005年9月由周鸿祎创立的网络技术公司，其主要经营业务是以360安全卫士、360手机卫士、360安全浏览器等为代表的网络安全产品。

曾经被誉为流氓杀手的360的掌门人周鸿祎，却一直被人们称作流氓软件之父。为什么？因为他曾经创造了一款搜索引擎——3721。

有人说，3721搜索就像是周鸿祎的初恋，让他难以忘怀。的确，从3721起，周鸿祎曾多次冲击国内互联网搜索市场，越挫越勇，屡败屡战。

当年，周鸿祎一手创建了3721中文网，它真正开启了周鸿祎的创业之路。然而，关于这段"初恋"的记忆并不美好，最终以3721的陨落而告终，成为周鸿祎人生中最为惨痛的教训。

之后几年，各个互联网公司的突飞猛进，腾讯和阿里巴巴的市值先后突破3000亿美元，遥遥领先于百度。"Robin Li"作为周鸿祎当年最想干掉的对手，难以突破之前的辉煌战绩，暂时掉落在队伍末端。BAT（百度、阿里巴巴、腾讯）的三足鼎立局势突变，直接过渡成AT的两虎相争状态，中国的互联网江湖又一次大洗牌已完成。

就在这种时候，网友们却纷纷表示请大家不要忘了360，"当年你在的时候，投资人都问创业者'如果BAT也做，怎么办'；如今你不在的时候，投资人都问自己'AT不投，怎么办'；以前是创业者to VC模式，现在是VC to AT模式。"

"创业阶层固化、投资模式利益集团化、寒门难出贵子，大家都在看AT的脸色吃饭，没想到连王兴这种浓眉大眼的家伙都不得不站队。中国创投圈再没有你这样仗义执言的优秀'屌丝'了，没有了。"

此话因何而出？因为周鸿祎在创办360之前，除了是技术员外还有另一个身份——"天使风投人"。正是由于周鸿祎"仗剑天涯，毁誉由之"的性子，才一手打造出国内最先盈利的搜索引擎，才敢于壮士断腕，用360亲手杀死3721，完成一次质的蜕变。

可以说，奇虎360无处不体现了周鸿祎的铁血手腕、步步为营。在周鸿祎看来，360作为杀毒软件，就应该做到眼里容不得沙子。

就这样，360不惜跟各种权威机构、各大竞争对手——翻脸，成为各大流氓软件怨恨、诟病的对象，也成为无数网友的心头宠儿。

面对无数恶意掀起的互联网混战，360依旧风轻云淡。正是由于它一次又一次地躬身自省，善于反思，勇于认错，甘于低调，才造就了一家独一无二的公司。

"3Q"激战、"小3"之争、挑战瑞星、"PK"金山、"肉搏"马云等，都是深深刻印在"360"进阶之路上的关键词。

有人因此认为周鸿祎是"战争之王",争勇好斗如同"鲶鱼";也有人奉以"英雄"称谓,赞周鸿祎敢与巨头单挑的勇气举世无匹。

对此,周鸿祎曾谦虚地说道:"好多人说我是红衣教主,但我真不是,我没有建立什么帝国的心,我一直保有一颗创业者的心,聚焦自己的方向,建立自己的核心竞争力。"

360公司真的在闲着吗?实际上,360在国内的领先地位早已奠定,成为无须质疑的事实。

2017年5月13日,全球爆发电脑"永恒之蓝"勒索病毒。360提前一个月全球首发了该病毒的技术分析,它亦领先全球成为第一家推出NSA武器库免疫工具的企业。

同时,在"永恒之蓝"勒索病毒爆发的当天,360第一个发布预警。这一系列动作背后,彰显的是360无可匹敌的网络安全原创核心技术和强大的实力。

有业内人士猜测,在不远的未来,周鸿祎会变得更加强大,也许会一举击溃老对手百度,一一完成对BAT的逆袭。可见,周鸿祎还是那个周鸿祎,江湖还是那个江湖。仗剑横行,快意恩仇,是他从骨子里渗透出来的态度。可以预料的是,周鸿祎这位"斗士"不会轻易停下脚步,他将带领360,勇往直前,奋斗不歇。

事实正如周鸿祎所说:"与其在别处仰望,不如在这里并肩。"随着时间的推移,互联网行业依旧瞬息万变,而360也将乘着时代与科技的东风,越发智慧,越发圆融,也越发成熟。

C O N T E N T S |目录|

第一章　奇虎江湖："流氓克星"的前世今生 – 1
　　　　360 的新时期沉淀之路 – 2
　　　　360 骑"虎"出山 – 6
　　　　安全卫士的"摘帽"行动 – 11

第二章　360 的逆袭蜕变路 – 17
　　　　周鸿祎的蜕变 – 18
　　　　360 的星火燎原梦 – 23
　　　　站在废墟之上，迎接成功 – 28

第三章　制胜法宝："免费王牌"激发的系列大战 – 33
　　　　当之无愧的行业领跑者 – 34
　　　　来自瑞星"老大哥"的"深水炸弹" – 39
　　　　对垒金山，"攻心战"一触即发 – 45
　　　　从亲家变成冤家的卡巴斯基 – 51

第四章　激战3Q：沸腾三年，大家都是赢家 – 57

　　　　3Q大战，拉开帷幕 – 58

　　　　赤膊上阵，激战正酣 – 63

　　　　垄断与反垄断 – 67

　　　　激战三年，原来都是赢家 – 72

第五章　步履不停："搅局者"的"狼性"人生 – 79

　　　　纽约街上的开门红 – 80

　　　　"第四巨头"的"狼性"人生 – 85

　　　　"小3"大战之前传：人生初见 – 90

　　　　"小3"大战之升级：火力全开 – 95

　　　　"小3"大战之后记：握手言和 – 100

第六章　未来野心：创业这件九死一生的事情 – 107

　　　　所谓大佬，都是苦过来的 – 108

　　　　致年轻人：不要一毕业就创业 – 113

　　　　成功难以复制 – 117

　　　　战术的勤奋掩饰不了战略的懒惰 – 122

第七章　经验之谈：用人和做产品的几点心得 – 127

　　　　这五类员工不用 – 128

　　　　有噪音的团队更值得信任 – 132

　　　　用户价值等于商业价值 – 136

永远的"用户至上" – 141

第八章　360 启示录：掌门人应做令狐冲 – 145
拒绝平庸的 360 – 146
如果别人不了解你，就会将你世俗化 – 151
以退为进，"网霸"的智慧 – 157

第九章　360 寄语年轻人：狭路相逢勇者胜 – 161
那些比钱重要得多的东西 – 162
360 告诉你：无名小卒也要有梦想 – 167
360 致程序员们的宝贵一课 – 172
拯救勇气与锐气 – 176

第一章

奇虎江湖:"流氓克星"的前世今生

360 的新时期沉淀之路

对于360这个软件来说,讨厌它的人讨厌极了,恨它的人提起它就咬牙切齿,而喜欢它的人,也同样喜欢到了骨子里。

创造360的技术型掌门人周鸿祎也自认,360的特点跟自己的性格很像,而自己的性格,又跟苹果已故的掌门人乔布斯很像。他们都有很明显的缺陷,但他们都率直、磊落,且非常执拗,这些都是让人印象非常深刻的地方。

360的老总周鸿祎确实是责任心很强的人,不然,他也不会将360做出今天的成绩。彼时,他还是方正的一名小员工,一些别人不愿意做的事,都是周鸿祎主动带头完成。这样勤勤恳恳、兢兢业业的态度,任谁都挑不出毛病。

正是出于这份认真,360才在众多杀毒软件中脱颖而出,成为当之无愧的流氓克星。

周鸿祎从方正辞职后,他就开始埋头研发3721。在经历了一系列艰难困苦后,周鸿祎终于将3721推上辉煌顶点。可3721最终还是陨落了,不得已,他只好去了雅虎中国,继续为别人打工。

有人非议这位360老总是冷酷的"野蛮人",可他听了也只是付之一笑，不追究，不计较。后来，他如愿以偿地将那一年变成了雅虎中国年。

之后周鸿祎出走雅虎中国，进IDG磨炼，成立自己的天使基金。正是这个决定，让360得以破茧而出。成立天使基金后，周鸿祎开始寻觅最激情热血又脚踏实地的年轻人，四处埋下希望的种子……这条路走下来，他自认失去的多，收获的也很多，骨子里却还是当初那个简单执拗的自己。

正是这份简单和执拗，360用最快的时间，完成了最好的蜕变。

在360发展之路的每个转折点上，周鸿祎有过迷茫，也经历了不少心酸，但度过这份迷茫和心酸后，360却又一次比一次进化。

正如周鸿祎曾经所说："在今天的商业社会里，说实话是不受待见的。现在传递的信息吹牛成分大，目的是给大家信心，给团队信心。反过来，每个人都要做一些总结和反思，我们还是要多谈、多做和多传播一些正能量的东西。"

做天使投资的时候，周鸿祎不厌其烦地扮演着互联网小企业、小公司或者小工作室的"救世主"角色。正因为他习惯了看别人感激的表情，也习惯了背后的一些非议，所以才能让360如此出彩。

在周鸿祎热心与创业团队打交道的时候，360也在悄然积累经验与人脉。不管怎么说，做"天使"很有意义，天使投资的这条路最终让360收益良多。那一阶段，周鸿祎给未来360的定位是"桥梁"。他愿意让360成为桥梁，自己也愿意成为国内创业者、起步企业与风险投资家的桥梁。

当然，周鸿祎还充当了"教练"的角色。彼时，他是方正的"高级程序员"，曾经一手创建3721，也曾是雅虎中国执行总裁。短短数年内，他就完成了从技术工程师、创业者、跨国企业经理人再到天使投资人的转变。放眼国内，在创业和投资这条路上能与他比肩之人实在太少。这使得他这位经验丰富的创业"教练"能够带给年轻创业者的东西实在太多。

除了"桥梁"和"教练"，周鸿祎对自己最大的定位是"不是Founder的Founder"。而这句话也成为他日后在360的经典台词，"Founder"是创始人的意思，什么叫"不是Founder的Founder"呢？周鸿祎表示："我不是躲在后面的投资人，这也符合我的特长和个性。"

在未创办360之前，周鸿祎当众剖析了自己当初下定决心离开雅虎的原因。

周鸿祎说道："我要到草根、创业公司中间去，发掘互联网未来的新锐力量。"

雅虎中国的那段经历，让周鸿祎看透了一些事情，也让360得益于此，野蛮生长。他看透的事情，那就是在中国这片潜力巨大的互联网市场上，美国公司没有本土公司有竞争力。

跨国企业实力再雄厚，不了解且不愿意放下架子去了解这个市场，一切也是白搭。正是基于此，当初他在出走雅虎后，记者问他是否觉得失落。周鸿祎的脸上挂着云淡风轻的表情，"头衔不重要，最后大家记住的是你做了什么事。当初在雅虎拼命做，就是为了给中国互联网做些事情，当我意识到这种可能不存在，就决定退出。"

周鸿祎已经在"江湖"里混得很久，他知道自己想要什么，也知道360未来要走的路是什么。他敏锐地意识到，活着才是硬道理。创业之路，不可能永远高歌猛进，有起有伏很正常。但凡活着，就有机会。

很快，属于他的机会再一次到来了。

2005年，周鸿祎35岁。当时的他已过而立之年，却又离"四十不惑"尚远。在这个渴望安稳的年龄里，他却将过去的辉煌摆放在一旁。

基于对过去的伤疤念念不忘，也基于对证明自己的极度渴望，周鸿祎在面对百度、阿里巴巴、腾讯等互联网公司愈发如日中天的红火势头时，心中也不免有过后悔。毕竟当年，自己所在的3721的潜力并不比当今的任何一家互联网公司差。

而且，周鸿祎也不曾觉得自己比李彦宏、比马云差多少，所以，他渴望正大光明地赢一场。

而创立于2005年的奇虎，给了周鸿祎这个机会，也给了360一个机会。

360骑"虎"出山

在不了解360时,大部分人都以为它只是一款杀毒软件,但其实,360的经营范围很广,除了杀毒软件外,它还在技术开发、技术咨询、电子销售和游戏出版等方面有很深的影响力。

可在十几年前,360还不为人所知,让它破茧而出的,是"奇虎"。因此,我们完全可以说,360就是骑"虎"出山。

周鸿祎强调说他不是躲在后面的投资人,是因为他一直走的都是"投资+创业"的道路。印证这条路最恰当的例子,莫过于"奇虎"。而说到"奇虎",不能不说起一个人。这个人就是曾与周鸿祎并肩作战的齐向东。

1986年,齐向东从长春邮电学院无线电通信系毕业,随后被分配到新华社工作。齐向东勤勤恳恳,从一名低调的小职员做到卓有成就的厅级干部,一做就是17年。

人人都说他端着"铁饭碗",前途光明无限。在一片称羡的目光中,齐向东自己的心态却悄然发生了改变。他心里老是涌起一股子冲动,想去外面的世界好好闯荡一番,更想做点自己想做的事情。差不多在这个时期,他认识了周鸿祎。

当时新华社要办新华网，齐向东为建新华网忙得废寝忘食，很多技术难题都让他束手无策。见他焦头烂额的样子，有人便将周鸿祎介绍给了他。在见到介绍人口中的"天才"周鸿祎的时候，齐向东并没有太在意。瞧见对方三下五除二就解决了这些棘手难题，齐向东不由得眼前一亮。想不到周鸿祎在帮了他们一个大忙之后，无所谓地摆了摆手，说自己不要钱，他就是喜欢互联网，也愿意帮助别人解决困难。

齐向东很欣赏周鸿祎身上的落拓和义气，他们很快就成了好朋友。在成为知心好友之后，齐向东经常向周鸿祎倾吐自己的苦恼。新华社是一个讲集体决策的地方，齐向东很多时候只能将自己的想法默默收起来，遵从大家的意愿行事。久而久之，他就感到有点儿压抑。周鸿祎不由劝他说，既然这样干脆辞职，人生哪得几回拼，还不如和他一起去干事业。

那时候，周鸿祎正在做3721。眼瞧着好友创业，每一天都过得充实痛快、昂首阔步，齐向东的一颗心蠢蠢欲动起来。2003年8月15日，齐向东正式向新华社递交了辞呈，随后，便加入了周鸿祎的创业团队，就任3721公司总经理，成为他最忠实的创业伙伴。在那之前，3721已经在网络实名领域一度做到了顶尖的位置，那股子"所向披靡"的势头让风投们趋之若鹜。

当初，周鸿祎曾评价说："齐向东选择加盟3721，他17年职业生涯练就的卓越领导能力、深厚的行业背景和人脉网络，以及丰富的大规模团队管理经验，是成功实施3721商业战略的宝贵财富。"齐向东自加盟3721，为后者挖掘了不少企事业单位客户、渠道合作伙伴，他尤其擅长和政府打交道，为周鸿祎解决了不少的实际麻烦，堪称是周鸿祎的"最佳拍档"。

2004年，周鸿祎成为雅虎中国区执行总裁，齐向东则出任副总裁，继续扶持周鸿祎。次年7月，周鸿祎对外宣布，将于8月底辞去雅虎中国区总裁职务。齐向东一向与周鸿祎共进退，这一次，他也毫不犹豫地离开了雅虎，就此开启了自己的创业之路。

齐向东当初离开新华社，是想做一些自己想做的事情。后来去3721，实际上是在协助周鸿祎创办公司，他心里一直很渴望真真切切地从头走一次创业路。而在这一阶段，周鸿祎选择了成为天使投资人，而齐向东则创办了奇虎。经过慎重考虑，齐向东将创业方向定为UGC搜索。齐向东毕竟也积累下了很多经验和人脉，很快，他便融到了一笔大额资金，踌躇满志地干起了事业。

2005年9月，齐向东创办奇虎网，并担任总裁。之前，周鸿祎和齐向东的出走使得雅虎中国里原3721的员工人心动荡，到2005年8月，雅虎中国被阿里巴巴收购后，雅虎大批的3721原员工相继离开了雅虎。此时见齐向东竖起了创业的大旗，3721原部下纷纷踊跃加入，奇虎由此迅速组建起了一支颇具战斗力又不乏经验的队伍，这使得奇虎刚一"出世"，便有了很多"一穷二白"的互联网创业公司望尘莫及的优势，初期发展极为顺利。

齐向东在仔细分析市场后发现，百度和Google在社区互动内容的搜索方面做得不是很好，比如说BBS搜索、博客搜索等，所以他迅速确定了具体的攻战方向。团队都是老团队，做的又都是擅长的事，相互间的默契度极高，产品的推出速度也很快。奇虎的搜索很快面世，受到了不少行业内人士的称赞和网民的追捧。

随着业务范围的扩展，虽然奇虎的搜索技术一直在进步且趋向成熟，但在已发展为搜索巨头的百度和Google的夹击下，瓶颈逐渐显露。更多的网民已经对百度和Google形成了心理依赖，搜索服务只认准这两家，奇虎作为新生的搜索引擎，在这种情况下很难出头。"网民的这种习惯改变起来是非常之难的，所以当我们需要快速扩大用户的时候，发现遇到了一个非常难啃的骨头。"后来，齐向东在接受采访的时候回忆起当初的困境，还是不由自主地皱起了眉头。

齐向东终于真真正正感受到了创业的孤单和艰辛。如何才能突破瓶颈，令奇虎网峰回路转回归到正常的发展轨道？齐向东整日整夜地思索着这个问题，直到他脑海里突然蹦出了"周鸿祎"的名字后，才稍稍定了心。他想来想去，觉得只要邀请周鸿祎出山，奇虎网的曙光就不会太远。

齐向东立马找到了"老战友"周鸿祎，将奇虎的困境对他痛痛快快地倾吐了一遍，随后诚恳地说："你来奇虎，咱们俩一起做一个伟大的互联网公司！"

周鸿祎没有过多犹豫，答应得很爽快。他的天使投资之路虽然越走越稳，但他从来都不是一个甘心躲在背后的投资人。他骨子里始终流着创业者的血，此时在有机会助老友一臂之力的同时，还能满足自己的创业理想，何乐而不为呢？

2006年6月，周鸿祎正式出任奇虎董事长。而在3个月的时间，红杉中国、鼎晖创投、IDG及周鸿祎本人相继为奇虎网投入了2000万美元的投资，这还仅仅只是第一轮。历史的进程总是出奇的相似，7年前，齐向东放弃了铁饭碗，果断地加入了3721；如今，周鸿祎为了奇虎的未来，义气出山。这对最佳拍档的再次合体，让人对奇虎的未来产生了无限遐想。

齐向东坦言，他和周鸿祎之所以那么合拍，是因为他们在个性、志向、能力等方面既相似又互补。他们都以创办一家伟大的互联网公司为理想，而为了这个理想又都甘愿付出常人无法想象的努力；他们同样个性直爽，脾气耿直，心里从来藏不住事，尤其是对"情与义"的坚守，是那么的相似；他们在很多事情上想法出奇地一致，兴趣爱好也都差不多。

至于两人的互补之处，齐向东解释道："周鸿祎对事的冲动会直接演化成快速的行动，而我应该说在这方面考虑得更多一点，并不是想到的事情马上就做，我会三思一下，这样的话，一个是行动速度很快，然后一个就是，好像对事情考虑的会更周全一点，好像慢半拍，这样的话我们两个配合起来就非常好。"这种默契的配合让他们一起做决策的时候能够轻易绕过"雷区"，避免犯一些错误。

外界对齐向东和周鸿祎的强强联手十分期待，而两人之间的信任和默契又能够奠定整个企业的内部团结，奇虎的未来似乎不可限量。

安全卫士的"摘帽"行动

周鸿祎曾无比沉痛地说:"3721一直是我想竭力摆脱的梦魇。"3721的地址栏搜索、插件推广、代理渠道等创新在当时国内的互联网行业掀起一股股风浪,它原本是被极为看好的"潜力股",也曾一度做到了领头羊的位置,后来却无声陨落,成为周鸿祎永远的痛。

他说:"2006年下半年,我面临着人生的最低谷,别人给我戴上了'流氓软件之父'的帽子,向全国通告,不跟我的公司和投资的公司有任何的商业关系,一睁眼,就是媒体上铺天盖地的骂声。我把自己关在屋子里,连着一个星期不敢出来,砸坏了一张桌子和两扇门,被冤枉的愤怒让我几乎要冲过去决斗。但我最终冷静了下来,这个潘多拉的盒子终究是我打开的,我只能自己亲手合上它。"

可见,对于"流氓软件之父"这顶大帽子,周鸿祎有多么的深恶痛绝。他一再对外界强调:"我反对流氓软件,是因为所有的流氓软件都号称是我的学生。"

因为对流氓软件的痛恨,周鸿祎强调说,他后来做360,就是为了摘掉这个强行扣在他头上的大帽子。他甚至"大义灭亲",亲自下手绞杀了自己一手创建的3721。这是怎么回事呢？

2006年，国内的互联网市场正呈现出一派欣欣向荣之象。然而，盛景之下却另有一股不和谐的势力逆袭而来，愈演愈烈，几乎对国内的互联网市场造成重创。这粒"老鼠屎"便是让周鸿祎深恶痛绝的流氓软件。

眼见着流氓软件一再升级，其破坏力几乎到了"炉火纯青"的地步。互联网用户的电脑一旦被一款流氓软件寻到了先机，其余的流氓软件就会伺机而入，疯狂弹出广告，让用户不堪其扰。

在这种情况下，电脑的运行速度会变得很慢，多出很多莫名其妙的东西且还难以卸载。电脑专家或者电脑维修店里的工程师都对这些根本清理不干净的流氓软件也束手无策。想要彻底解决这些问题，只能耗费4个小时以上的时间重装系统。很多用户因为电脑里的某些重要资料在重装系统的过程中丢失、损坏而懊恼不已。广大网民深受其害，一提起流氓软件就咬牙切齿。

流氓软件猖狂肆虐，横行无忌，网络上一片怨声载道。就在这个特殊时期，刚刚出任奇虎董事长不久的周鸿祎，带领着手下团队夜以继日地奋战在第一线，终于成功打响任职之后的第一枪。2006年7月，奇虎召开了一个简单的发布会，著名的"360安全卫士"正式进入人们的视野。

而就在4个月前，奇虎公司一手打造的"蜘蛛计划"新鲜出炉，开启了幕后老板周鸿祎网罗十万社区论坛，建立庞大广告投放平台的第一步。根据"蜘蛛计划"，奇虎将开放索引库，目标是数量庞大而又没有成熟搜索技术的中小社区论坛，首批将开放5000个免费名额，抢得先机的论坛用户可以根据自己的喜好和创意，任意打造属于自己的DIY搜索引擎。齐向东说，奇虎借由蜘蛛计划，将串联起一个良性的搜索引擎生态链，让网民达到前所未有的体验，各大论坛的流量也会就此提升。在这个过程中，奇虎的搜索技术也会得到最好的宣传，这是网民、人中小论坛、奇虎公司"三赢"的局面。

理想总是很美好，而现实一直很骨感。"蜘蛛计划"施展得并不算很成功，奇虎的社区论坛搜索引擎并没有如预期那样彻底打开局面，反而很快便偃旗息鼓。周鸿祎事后叹着气总结说，自己这是犯了不够专注的错误。不够专注可谓是大忌，跋涉在创业之路上，如若注意力不够集中一定会栽跟头。周鸿祎悬崖勒马，痛定思痛，思索着下一步该怎么走。

2006年6月，国际顶级风险投资商、美国的Matrix Partners正式对外宣布，已完成对奇虎网的注资。这是经纬创投在中国互联网领域内的首个投资项目，其对奇虎网的青睐可见一斑。奇虎董事长周鸿祎说："风险投资对于创业者的意义，不仅仅是资金的帮助，经营管理上的指导是一笔意义更加深远的财富，经纬创投是全球顶级风险投资公司，有着丰富的资源和经验，是值得信赖的合作伙伴，这对奇虎来说是不可多得的。"

有了经纬创投的相助，奇虎可谓如虎添翼。周鸿祎鼓足了劲，冲入了以安全卫士、杀毒软件为代表的免费安全平台。之所以瞄准这个方向，还是基于国内这股愈演愈烈的流氓软件风。当"蜘蛛计划"暂时搁浅后，周鸿祎心里就升腾起了一个想法，大家都说他是"流氓软件之父"，既然无辜当了"替罪羊"，他干脆提起精神好好杀杀这股"流氓势力"的威风，搞不好会由此打开另一片天地。

当时的互联网市场上还没有人敢带头反对这些"流氓插件"软件，第一是因为各大企业为了占领更多的市场份额，或多或少都涉及了这一块；第二是因为"流氓插件"的背后实力还是很强。"流氓插件"既然成了很多人谋取利益的工具，若有人胆敢身先士卒，带头跳出来绞杀这股"黑暗"势力，这个人搞不好会成为互联网"公敌"。周鸿祎不在乎这一点，当年"流氓软件之父"这顶大帽子扣过来的时候，他纵然痛心疾首，却又是百口莫辩。如今，他便要利用这次机会一举掀翻多年的"黑帽"，以此来弥补3721的遗憾。

周鸿祎确定了战略方向后，便将全副精力都投入了进去。尽管不少人都对周鸿祎的想法持反对意见，周鸿祎却不为所动，但凡他决定了的事，哪怕血战到底也要坚持下去。"流氓软件"始终是他心中的一根刺，若想要痛痛快快、彻彻底底地拔掉这根刺，势必要付出一些代价。他早已想通这一点，所以才会说："是我打开了流氓软件的潘多拉之盒，我觉得我有责任去关上这个盒子！"

奇虎公司一开始只派遣了五个技术人员来主攻这个查杀流氓软件的项目，并给其取名为"流氓克星"，后来又改为奇虎安全卫士，最后在周鸿祎的拍板决定下，"360安全卫士"这个新鲜别致的名字出现在人们面前，让广大网民耳目一新。它的主要目标是活跃在市面上的大部分恶意软件。周鸿祎做这一块是抱了很大的决心的，它首先可以杀一杀那些流氓软件的威风，其次还能帮助"奇虎搜索"顺利打开市场。但在结果没有出来之前，他心里也不免惴惴不安。

事态的发展让他喜出望外的同时却又大失所望。尽管奇虎搜索的研发团队超过200多人，几乎每个月都要花费上百万的推广费用，奇虎搜索却始终处于一个不上不下的状态，一直不见起色。360安全卫士最被公司重视的时候也只组建了十几人的团队，它的发展之路却顺利得异常。360安全卫士一推出，便受到了广泛的欢迎，到了2007年的时候，它的整体装机量已经达到了几千万。

360安全卫士以黑马的姿态跨出了强势一步，这让周鸿祎始料未及。而360安全卫士第一战的首要目标就是同胞兄弟、此时已更名为雅虎助手的3721。周鸿祎的心无疑在滴血，但他绝不后悔。3721的辉煌之路由他而起，它的最终点也必然由他来决定。解决掉3721后，360安全卫士以疾风骤雨般的速度席卷过整个市场，百度、CNNIC、雅虎及很多挂名在客户端的插件都被一一清理干净，令一些以制作流氓软件为生的企业因此而破产。

这场大战最后，周鸿祎面对着曾经的是非恩怨，满怀豪气地说："我的出发点很简单，就是把你们给火了，大家都别玩了。"

有人说周鸿祎老谋深算，早就在下这盘棋。周鸿祎却说，如果他真的老谋深算，十年前便算到了这一步，他还真的做不成功。他承认，偶尔他也会期待，或者畏惧未来的一点一滴，他却将更多的注意力投注到了脚下正进行着的每一步。他一开始做360的时候，真的有想过整个安全产业的布局吗？实际上，一开始，他对这个小软件并没有多余的期待，他只想利用它来打击流氓软件，与"流氓软件之父"这个污名宣战，在解决互联网用户实际问题的同时将奇虎搜索更好地推广出去。等到360安全卫士大放异彩之时，他也没有过多地去想象未来，他只觉得，他得继续专注于眼前的事，虽然开局不错，但这并不意味着最后的成功。

"眼望星空，脚踏实地"是这一时期的周鸿祎的真实写照。如果不是秉持着这样的原则，360安全卫士又怎能在周鸿祎的推动下愈发顺利地走下去？这次的"摘帽"行动进行得很成功，周鸿祎开心之余亦深思良久。360安全卫士来势凶猛，必然伤害了一些人的利益，如何冲破重重阻力，始终立于不败之地？这是目前的难题。

2017年，周鸿祎在公开场合宣称："不能接受变化的人不要创业。"面对大家的疑惑，他解释说，自己一直以来说话都比较强势，比较铿锵有力，可是这并不代表他是个固执己见、刚愎自用的人，这种强势是表面上的强势，骨子里他是个灵活的人。

"如果哪一天我变得真的很固执、刚愎自用了，那我死定了，所以我经常会否定自己的想法。"周鸿祎坚定地说。

第二章

360的逆袭蜕变路

周鸿祎的蜕变

从360安全卫士的推出到发展，周鸿祎的思想经历了一次完美的蜕变。

奇虎搜索网罗衣食住行、BBS等各种垂直搜索，是周鸿祎担任奇虎董事长之后主推的项目，为此他付出了很多心血，积极投入重金、重兵使得整个布局都趋向完整。原本以为是一场手到擒来的战役，谁知道竟在内部输给了一款小小的安全辅助类软件，这让他百思不得其解。后来，周鸿祎才逐渐领悟到360安全卫士成功的原因不过是将"安全"和"杀毒"这两件事情做到了极致，这对他的思想带来了很大的冲击。

其实3721陨落之时，周鸿祎一想到自己曾经只顾竞争不顾用户体验的战略失策便懊悔不已，这一路走来，他对用户体验的重要性认识得越来越深刻。到了360安全卫士阶段，他真真正正地感受到了"以用户为中心"的魔力，一次完美的思想蜕变由此在他的脑海中生成。正如他自己所说："我可以容忍失败，因为我自己也失败过很多次。我觉得失败确实是成功之母，但是我不能容忍不能从失败中吸取教训，就是特别固执和特别僵化的人。"

3721无疑已经变成刻印在周鸿祎身上的永远无法消退的伤疤，网民在搜索栏里打上周鸿祎的名字，总是毁誉参半。一开始，周鸿祎费力解释，后来他沉默不言，再后来，他选择用行动证明自己。

3721正是因为过度注重市场竞争而忽略了用户体验，甚至一度被污蔑为恶意软件的代表，这是不容抹杀的事实，所以周鸿祎在以后的战略部署中，一直将用户体验放在第一位。

2006年7月，360安全卫士横空出世，此后一直以互联网用户信任而流氓软件痛恨的形象出现在人们面前，它的使命就是将用户电脑上的一切恶意软件"圈划"出来，在征得用户同意之后，将它们通通卸载。哪怕遇到的是化名为雅虎助手的3721，360安全卫士也是毫不手软"赶尽杀绝"。

短短的时间，360安全卫士卸载恶意软件的数量达到了100万，一跃成为广大互联网用户的心头好，用户数量呈几何倍数增长。

一时间，流氓软件风得到了有效遏制，而"大功臣"360的发展速度亦是极为惊人。周鸿祎趁热打铁，在同年发起了"恶意软件"的公投活动，号召广大网民对横行于网络世界的"恶意软件"进行公开投票。

2007年2月，多家网站发起"360安全卫士公开征集活动"，网民踊跃参加各抒己见，其中一家网站上聚集了9万多网民，其中99%的网民都将宝贵的一票投向了"支持，恶意软件就该查杀"这一选项，光是网友留言就超过2万多条，都站在360这一边。

2007年3月，360安全卫士将软件的评判权交到了网民手上，由他们来评判某款软件是否为恶意软件。2007年4月，360安全卫士正式发布个性化指定版本，网民只要登录个人版定制页面，随意设置头像、命名、博客订阅等内容，一款个性化定制版360安全卫士便轻松完成。360个性化指定版本由于操作简单，深受网民的喜爱。

这一时期，360安全卫士平均每日查杀恶意软件的数量达到数百万次，可以查杀的恶意软件接近千种，遇到各类流行木马的时候也是毫不客气"就地团灭"。360成为国内恶意软件查杀效果最强大、功能最全面、用户数量最多的桌面软件。到了2007年9月，360安全卫士将金山、瑞星、卡巴斯基远远甩在了身后，一举奠定了中国互联网安全软件"龙头老大"的地位。

自360安全软件"出生"起，就一直打着免费的旗号，周鸿祎也一直承诺，360安全卫士将免费到底。撇去明眼人的先见之明，另有一些互联网同行对此都抱着半信半疑的态度，认为周鸿祎此举未免太吃亏，难道为了拼用户量、用户体验连效益都不要了？也是，周鸿祎又不是慈善家，而是个正儿八经的商人，他这样做自有自己的打算。360自有营销之道，只是这钱不能由用户掏腰包。

周鸿祎说："无论是做互联网产品，还是传统企业向互联网转型，能不能做得成，就看你能不能创新。而能不能创新，除了你的技能、阅历、领导力，当然还有运气，一个重要的因素，是什么价值观在影响你的大脑。面对强大的敌人，你不敢狭路相逢勇者胜；或者，你热衷于拉关系，走后门，整天想着整合资源；再或者，什么热你干什么，什么时髦你追什么。如果你是这样的价值观，再有钱也做不成。"

周鸿祎无疑是一个执着于品质和创新的神人。当年，他首开中文上网的先河，之后主推的插件营销法则别开生面地打开了3721的逆袭之路，虽然此法则不幸被流氓软件带上了偏道，但也可从中看出周鸿祎的匠心独运。360安全软件的发展又给了周鸿祎灵感，他将插件营销法则发扬光大，从中摸索出了一套互联网捆绑式营销策略。所谓捆绑式营销策略，最核心的一点是产品间的共荣共生。将几款联系紧密的产品捆绑在一起以打折、促销的名义进行销售，以产生不可估量的市场效益，这才是周鸿祎的目标。

360安全卫士一开始走的就是捆绑式营销的路子，它塑造的是Windows优化大师的形象，同时附带多款便携式"净网"软件。当360相继推出多项兄弟产品的时候，这种捆绑式营销又能够帮助这些产品相互间产生影响，提升用户的体验，并就此打开销路。之后的360浏览器一经推出便迅速吸引了大批用户的注意力，之所以有这样好的效果与周鸿祎的捆绑式营销之道息息相关。

当初，奇虎仅仅召开了一个简单的发布会，便将360安全卫士推到了人们面前。之后，奇虎也没有在360的推广上花费更多的广告费。在这种情形之下，360却以"鱼跃龙门"之姿，傲然挺进了互联网市场，且一路上成绩骄人。360的成功固然与自身的强大实力分不开，却也同时让人们见识到了捆绑式营销的力量。对于周鸿祎来说，他走的是一条缩减成本、合作共赢的道路。产品间的良好协作能够提升相互间的口碑，让品牌的概念深入人心；同时合作双方、多方都可以同时实现各自产品营销的最优局面，使得资源配置达到最优化。

回归到用户体验上，周鸿祎堪称做到了极致。他不追求技术的完美与超前，反而分外注重细节，分外看重技术的细腻程度。这点从360的操作界面就可以看出，周鸿祎当初对技术人员的要求是，360的操作界面必须让用户一目了然，哪怕不那么精通电脑知识的用户也能够做到一键解决问题。在产品的开发进程中，周鸿祎特别提出一点，360不能在用户正忙的时候弹出打扰，这会引起对方的反感。一旦程序感知到用户在普通状态的时候，才能跳出来提示用户进行全盘扫描或者清理垃圾。

周鸿祎对于360的期望一日高过一日，针对360杀毒市场的布局规划，他也算得越来越清楚。他大开门户，广纳贤才，意图将360的研发队伍打造成一支"夺宝奇兵"，带给用户更专业更新奇的感受，也为自己的创业征途添上一笔浓墨重彩的印记。

奇虎360最辉煌的时候，一度成为最有希望颠覆BAT的互联网企业。周鸿祎经常将BAT这三座大山挂在嘴上，而奇虎360的软件按照客户端的资源来说与这三座大山相比也毫不逊色。

有人说，周鸿祎凭着手里掌握的巨大资源及背后的实力已经与百度、阿里巴巴、腾讯形成了金庸武侠世界中那种"东邪西毒南帝北丐"相互制衡、势均力敌的格局。

360 的星火燎原梦

自从360安全卫士全面打开国内的互联网市场后，它就正式开启了"星火燎原梦"的旅程。从搜索、浏览器、安全软件、杀毒软件、手机软件，再到其他软件产品，周鸿祎和他的小伙伴紧锣密鼓地开辟了一条前后衔接、布局严谨的道路。

周鸿祎的目光放得长远，他也从不讳言自己的野心，在互联网的江湖里，他势必要燃起一场腾腾的大火，耀映整个互联网世界。

奇虎360被认为是中国互联网行业的异类，其掌门人周鸿祎南征北战四面出击，创业多年来可谓是交游广阔而又树敌无数。

2008年3月，360官方网站正式启用360.cn域名，它不再是一款桌面安全卫士产品，它已经完美蜕变成一个值得信赖的安全平台。同一时期周鸿祎对外宣布，360安全卫士将脱离奇虎公司，单独进行市场运作，并成立由奇虎原有股东共同出资3.6亿元组建的360新公司。对于奇虎公司而言，奇虎（www.qihoo.com）和奇酷（www.qikoo.com）业务定位分别为经验问答网站和社区热点新闻。其中，奇酷的网址将自动跳转至360导航网站（hao.360.cn）。

"安全是互联网应用中最基础的服务，和邮箱、即时通信一样，都应该免费,这是整个互联网的趋势,只有适者才能生存!"在360剥离奇虎并成立单独公司的说明会上,周鸿祎面色凝重地说道。他的话,除了开启了360的星火燎原梦之外,还展开了互联网界的一场免费大战。

2008年,奇虎360相继推出杀毒软件测试版和360安全浏览器。到了第二年的9月,杀毒软件正式版出现在人们面前。360杀毒软件一经推出便大受欢迎,短短4个月的时间里,其用户规模已经突破一亿。

随着时间的推移,360公司多项产品在网络安全市场取得数额越来越庞大的用户数量后,又以"网络安全平台"为基础,加快了业务线的扩展步伐,无论是网站导航、软件下载还是手机安全等领域,都相继出现了360的身影。同时,360积极保持着和各大网游公司、电子商务网站、软件应用等合作者的良好关系,持续不断地为其提供优质的服务。根据360方的招股说明书,至2011年1月,360拥有的活跃用户达到了3.39亿,覆盖了超过八成的中国网络用户。

2011年之后,360的发展速度更是让人心惊。2011年2月18日,360正式推出了一款专门为网页游戏量身打造的浏览器;6天后,360又推出"360团购开放平台",该平台麾下大牌云集,团购网站的数量达到了200多家,其中还包括拉手网、美团网等热极一时的知名团购网站;3月31日,360的另一项新产品又进入人们的视野——酷似iPhone APP应用的360安全桌面。这一系列新产品的推出、发行正可以看出360的摩拳擦掌、跃跃欲试的状态和野心。这同时也是周鸿祎信心十足，盼着痛快淋漓大干一场心理的体现。

到了2012年，360已经一跃成为中国最大的互联网安全服务提供商之一，甚至可以说，360重新定义了互联网安全的概念，超过4亿的海量用户对360的信任不言而喻。而360在将这种免费的、高品质的互联网安全服务延续下去的同时，将一直坚持这种开放合作的精神，与诸多合作伙伴一起为塑造健康良性的互联网生态环境持续不断地付出努力。

2012年8月16日，360综合搜索低调投放市场。这种低调似乎不太符合周鸿祎的一贯作风。当时的搜索市场上，百度一家独大，腾讯搜搜位居第二，360综合搜索此时推出似乎不太有利。然而事实却让周鸿祎颇有点"沾沾自喜"，凭着强大的搜索技术及360多项产品积累下来的用户好感度，该款综合搜索刚进入人们的视野，便变成很多用户爱不释手的搜索工具，上线第一天，360综合搜索已经展现出了超越腾讯搜搜的趋势。这给了周鸿祎及研发团队很大的信心，毕竟这才是360综合搜索的第一个版本。

经过长时间的潜心研究、打磨，360综合搜索已经更换过好几个版本，实力与之前相比，大不相同。360综合搜索凭借其卓越的搜索引擎检索操作，一方面集网络上多种检索工具的优势，让用户体验到什么是真正的"安全精准值得信赖"的优质搜索服务；一方面依托于360母品牌的安全优势，对各类恶意网站、软件毫不留情全面检测、截杀；另一方面也为用户提供了新闻、网页、微博、视频、图片、地图、问答、购物、机票等主流搜索引擎服务，极大方便了用户的生活。如今的360综合搜索虽然还没有达到"独占鳌头"的境界，却也有着能够"睥睨群雄"的技术实力和用户黏度。在这个过程中，360综合搜索被越来越多的互联网用户列为"心头好"，成为他们的搜索必备工具。

网址导航对于普通的互联网用户来说是非常有用的工具，而360网址导航更是将传统网址导航多年来一成不变的局面一举打破，首创"网址+APP聚合"的模式，成为新一代导航网站的翘楚。如今，360网址导航牢牢将国内流量的"半壁江山"掌握在手中，而360的商业模式一直秉持着"流量变现"的原则，而"流量变现"必然要经过的首要一步，便是360导航。2012年5月，360广告系统陆续在360导航的平台上上线，很好地体现了其流量变现第一入口的作用。到2014年，360导航进行了全面改版，新版本功能愈发强大，也愈发符合时代的要求。

介绍完了360导航，再来谈谈360其他的安全产品，比如说360系统急救箱。当用户电脑受到病毒侵袭、360系统无法安装和启动的情况下，该款系统救援工具可以全面清杀病毒，一举将病毒扼杀在摇篮里。360游戏保险箱对于广大游戏发烧友来说无异于"福音"，它能够防止游戏爱好者的账号被盗，为用户游戏、聊天等保驾护航，同时还能够保护游戏用户的网银等账号安全。除此之外，隶属于360安全卫士里的一款名为网盾的软件也是广大互联网用户的好帮手，它对恶意网站的拦截功能十分突出，同时网盾还会保护主页和浏览器不被篡改，对于用户自主下载的文件的安全性会主动进行盘查、检索，保障资料安全。

  周鸿祎注重用户体验,他对于产品策划研发团队的要求是,一定要细分用户需求,并针对不同的用户需求采取不同的措施。在这个原则下,研发团队特地针对企业用户推出了一款360企业安全软件。该款安全软件永久免费,全功能不限终端数,它利用以企业终端安全服务为主的"天擎"、以后勤保障工作为主的"天眼"、以企业移动端的检测为主的"天机"这三大法宝,为企业用户提供全网统一体检、打补丁、杀病毒、开机加速、流量监控等服务。

  这一系列新产品的推出,彰显了周鸿祎对于网络安全市场的野心。他想要的是独占鳌头,是全面掌控,是垄断。

站在废墟之上，迎接成功

周鸿祎经常强调说："成功都是偶然的。"360的星火燎原梦一触即发，周鸿祎的名字再一次成为互联网世界的焦点。很多人对360的战略布局感兴趣，会问他为什么360会冲出重围获得成功。听到类似的问题，周鸿祎的嘴边挂着微笑，毫不讳言地表示，提问者受到那些"又作又装"的企业家的毒太深，"他们给你谈的，好像什么事都有规划，精心设计，高瞻远瞩、高屋建瓴。我们很多事都是做到这一步的时候，然后有用的想法就会出来，如果没有做到这一步，你去空想这些东西不行。"

空想没有用，周鸿祎向来是想做就做，在做的过程中自然是灵感迸现，一些精妙的"招式"便由此而生。360在极短的时间内便汇聚了令人咋舌的用户量，这是中国互联网史上的一个奇迹。对于这个奇迹，周鸿祎喜忧参半。如果没有3721的失败，如果不是"流氓软件之父"带来的深入骨髓的伤痛，他不会对"用户至上"的原则有那么深刻的体会。如果没有这些教训，如果他不曾站在废墟之上，说不定在360发展道路中他会频频摔跟头，360也不会轻易取得今天的辉煌地位。

走过多年的创业历程，周鸿祎越发变得内外兼修、表里如一。他还是那般倔强、执拗、强硬、不撞南墙不回头。同时，他身上又多了些许包容，多了些许笃定与从容。做起事来，他精准利落，像个小伙子一样激情昂扬；静下来与人闲聊的时候，那一份机警里又透着一份洞彻世事的澄澈、明慧。

360自问世以来，在互联网市场上一直保持着迅猛无比的征伐进程，所到之处无不给人留下一片清净安全的互联网环境，其中叫人印象最深刻的还是360手机卫士的推出。2016年，针对这些年频发的电信诈骗案件，周鸿祎曾在参加一档热门综艺节目的时候坦言说道："骗子们最恨360手机卫士！"这是因为，360手机卫士走的一直是一条充满正义的、与老百姓利益息息相关的道路。

360手机卫士刚推出的时候就以手机安全为最高使命，查杀率达到99.5%。经过几年的发展，360手机卫士已经成为国内用户量最大的手机安全管理类软件。针对诈骗电话，360手机卫士会进行标记，且几乎每天都有大量的活跃用户对诈骗电话进行多种反馈，这使得手机用户第一时间对诈骗电话产生警觉，被骗的概率大大减少。同时，某些电话号码一旦被标注为诈骗电话就会上传到360的云端大数据，当用户接到此类号码的时候亦会同时接收到来自360的安全提示，多重保障使得诈骗分子无机可乘，自然也就对360手机卫士恨之入骨。所以，周鸿祎才说："让骗子淹没在人民战争的汪洋大海中。"

在2014年夏季的世界杯期间，针对360手机卫士中的一款摇一摇快速清理手机内存功能，360官方推出了"全中国一起摇活动"，老百姓纷纷踊跃参与，人数直逼6亿，最后造就了中国国内最大规模的移动营销活动。这使得360手机卫士的知名度越发提升，更多潜在的市场被挖掘出来。还是在这一年，360手机助手的用户量早已超过了4亿，成为国内最大的安卓应用下载市场。以强大实力为后盾的360手机助手与全球领先手游、APP云测试平台Testin云测携手合作，推出全世界最大的游戏真机自动云测平台"360&Testin云测试"，为广大移动游戏开发者提供了APP与智能手机适配问题的解决渠道。

周鸿祎将360的业务扩展到手机安全领域，是为了建立属于自己的360商业帝国。我们可以来简单梳理一下360的发展脉络，从中可以看出周鸿祎的野心。在网络安全领域，360代表性的业务有360安全卫士、360杀毒、360系列急救箱、计划大师、鲁大师等；在互联网浏览器领域，360代表性的业务有360安全浏览器、360急速浏览器；在网址导航领域，360代表性的业务有360网址导航；在手机安全领域，360代表性的业务有360手机卫士、360手机助手；在网络社区领域，则以奇酷、奇虎为代表；在播放器领域，则有酷狗等。

360除了研发自己的产品外，值得称道的还有一个令人耳目一新的"起飞计划"。这也是周鸿祎互联网搅局者角色的体现。当初周鸿祎义气出山，作为主导人帮助奇虎融得了差不多5000万美元的投资，不管是好兄弟齐向东还是奇虎投资人，都希望周鸿祎能够帮忙将奇虎和360做起来。可以说，周鸿祎既是天使投资人，又重新成了创业者。他毅然披挂上阵，肩负着CEO的重担，带领着奇虎和360团队进行了二次创业。那时候，他心里的梦想变得更加宏大，更加崇高，那就是改变世界。所以说，后来360一系列紧凑的、撼动了互联网既有格局的大动作是意料之中的事。

"起飞计划"实行得很早，这充分证明了周鸿祎常人难以企及的战略智慧和长远目光。2007年，盛大创始人陈天桥启动网游行业的"18计划"，目的是挑选优秀的网游产品。针对挑选出的优越网游产品，盛大将采取扶持或者协作的方式，以自身平台和一定的资金投入帮助这些网游产品打开市场，以达到合作共赢的目的。受"18计划"启发，周鸿祎于2010年1月5日开展了"免费软件起飞计划"。周鸿祎和陈天桥怀抱着差不多的目的，即选拔创业企业中的佼佼者，或者有着一定市场潜力的优秀产品。

"起飞计划"的领头人是360公司董事长周鸿祎、红杉中国合伙人沈南鹏、高原资本合伙人徐鸿川，而这三大投资人投入的资金共计10亿元人民币，它将作为"起飞计划"的第一笔基金，计划时间为3年左右，期间将孜孜不倦地挖掘种子企业和种子选手。在周鸿祎看来，当时的互联网市场上有不少技术人员出身的创业者研发的免费软件产品，不管是从创意还是整体设计来说都很优秀，只是这些技术人员因种种条件的限制，没有办法最大限度地挖掘出自身产品的潜力，周鸿祎为他们感到可惜，也为那些被浪费的"idea"而可惜。他领头启动"起飞计划"，就是要去帮助那些虽然优秀却没有门路的创业者实现创业梦想。通过"起飞计划"，投资人可以进行投资、孵化、合作抑或收购等一系列扶助行动，让那些免费软件产品不至于被埋没，同时，投资人自己也可以得到一定的利益回报。

周鸿祎说，他对"起飞计划"怀抱的期望可以用一句话概括，那就是"批量复制360的成功"。创业者最缺的不只是钱，对于其他的必不可少的资源的渴求往往更迫切。这些资源包括平台，也包括其他成功者的帮助。通过这个计划，360可以提供自身的经验、资源或者其他条件来帮助这些免费的软件企业一飞冲天。当然，受益的不只是这些免费软件企业，还有能够享用更多更先进的免费软件的广大网民。

在周鸿祎的这一番表述，我们可以看到一个关键词，那就是"免费"。随着"起飞计划"的顺利实施，将为他建立起一个强大的、逐渐完整的免费软件联盟，这是周鸿祎梦寐以求的事情。360想要做的不完全是安全产品市场，周鸿祎的目光也不可能只局限于这一点。"360将变成创业公司的朋友和伙伴，而不是竞争对手。"周鸿祎微笑着说，无论是"起飞计划"，还是360内部的业务扩张、用户迁移策略，都在表明，360正在打造属于自己的产业链和生态系统。

360的未来正向着腾讯帝国、阿里巴巴帝国的模式无限靠近，周鸿祎对此充满信心。这些年来，周鸿祎一直是"免费"这个概念的最忠实的宣扬者，可以说，360正在形成一个令人无法忽视的集聚效应，而其在免费领域的品牌影响力日渐凸显，周鸿祎梦想中的奇虎帝国已初见雏形。

第三章

制胜法宝:"免费王牌"激发的系列大战

当之无愧的行业领跑者

中国有句老话说，无利不起早。这几乎是一个深入人心的概念，对此，周鸿祎却唱起了反调。作为当之无愧的行业领跑者，他高举"免费"大旗，宣称360再怎么发展，也不可能靠杀毒软件去挣钱。在360手机安全卫士推出还不足一年的时候，周鸿祎主导的"起飞计划"已经投资、帮助了不少于10家公司，其中包括世界之窗浏览器、手机安全厂商新安易等。360从一款杀毒软件变成了一个扶助的平台，变成了免费软件行业的标杆。而周鸿祎亦将"免费"这张王牌打到了极致，成为360在激烈的市场竞争中获胜的法宝。

2007年底，在周鸿祎的力推下，360安全卫士以免费的姿态出现在广大用户的面前。一方面是互联网用户的欢欣鼓舞，另一方面却是来自公司上下的压力和阻力，周鸿祎将前者看在了眼里，却又将后者甩在了脑后。在定下人生中某些重大决策的时候，周鸿祎一向很有魄力。不是说他不在乎来自身边的人的那些不理解的声音，只是当他百分之一百相信自己的时候，他不得不暂时充当一个"独断专行"的领导者的角色。

那时候，有人说周鸿祎是在拿公司的利益冒险；有人说，他这是在试水而已。谁知道，周鸿祎就这样高举着"免费"的大旗，义无反顾地走了下去。如今都快要2020年了，依然还是免费的，事实也证明了他眼光的独到与老辣。在360的进击之路中，"免费"起到的是如虎添翼的作用。而周鸿祎对于"免费"战略的灵活运用，也将中国的互联网事业推到了另一个境界。

在创业的每一个进程中，周鸿祎的那些战略布局对于整个互联网格局来说，都是一种挑战，这种深远的影响力在之后的漫长岁月里会变得益发明显。在短期内，他的"专横"却给他招惹了不少骂名。周鸿祎这样评价自己："在市场竞争中，我采取的经常是比较颠覆的做法，进入一个行业就会有很多出奇制胜的点子，加上我的个性比较强烈，不太会说话，经常在公开场合批评一些公司，所以经常会得罪人，得罪了人自己还浑然不觉。"

互联网发展的标志向来是观念的不断创新、蜕变。想要成为行业的领跑者，你需要在最早的时间里做最新的市场。周鸿祎无疑就是这种不断将创新理念普及到互联网世界每个角落里的人，当他推出的360安全卫士、360杀毒软件一下子成为市场宠儿的时候，那些原先对他不信任、不服气的人彻底改变了想法。另外一些人开始琢磨周鸿祎到底在坚持什么，以及坚持的原因。在这种情形之下，对于周鸿祎的跟风模仿层出不穷。而当初的流氓软件便是这种模仿下的产物。

对于周鸿祎来说，360的免费策略表面上是一种吃亏，但他又何曾做过吃亏的买卖。360的高品质服务带来的不是短期的经济效益，而是长期的增值收益，这笔账他还是算得清的。而当人们终于看到了

360免费政策使得互联网用户和360企业本身都获益良多的时候，互联网世界的免费风潮开始涌起，且一浪高过一浪。而这时候的周鸿祎早已处于"深藏功与名"的状态。实际上，免费并不是周鸿祎独创，很多互利网创业者都曾或多或少运用过免费的力量来发展自己的企业。比如说360在互联网安全领域的劲敌瑞星也曾推出过产品的免费试用，后来却并没有坚持下去。

很多人执着于眼前的经济利益，却是捡了芝麻丢了西瓜。而360行业中心地位却愈发稳固，免费服务也成了360发展的主旨。360的成功无疑证明了互联网免费市场的巨大潜力，而免费也成了互联网市场当前或者未来的一个特殊关键词。这一阶段，周鸿祎坚持以用户的认可为最高目标，拼尽全力为用户打造一个安全健康的上网环境。因此，他将公司的业务划分为奇虎、奇酷、360安全卫士这三大块，而这三大"马车"的并驾齐驱迟早会构建出一整个璀璨光明的未来。

有了周鸿祎的成功，更多的杀毒企业"心不甘情不愿"地迈入了免费的大军中。其中的绝大部分还处于较为怀疑的状态，他们一般会先推出一两款新兴研发的软件来试水吸引用户的注意力，在前期的三个月或者半年时间内，用户可以免费试用，过了规定的时间之后，则开始收费。如果这些杀毒软件始终充当可有可无的鸡肋角色，没有在免费阶段吸引到足够的用户量，到了收费阶段，自然会被大部分互联网用户厌弃。与此同时，有的企业开始耍起了这一招：前期同样是免费阶段，到了软件需要升级的时候却暂停用户的使用权利。

平心而论，这些都是互联网世界较为常见的促销方法之一，但想要达到预期中的效果，首先，软件的实力必须过硬，必须有着不可替代的优越性，这样才能够在免费期间积聚起极高的人气。其次，很多互联网企业低估了用户的力量。实际上，只要有用户，就会有流量，只要有流量，就不愁没有市场。

互联网市场中，企业一般会以广告费用作为主要的经济效益的来源。另外，企业还可以靠增值业务费用来增长经济效益。周鸿祎曾以腾讯QQ为目标，分析出了一套盈利模式。他说，QQ用户在享用免费聊天业务的同时，也不会受到广告的侵扰，那么腾讯QQ靠什么盈利呢？问题的关键在于QQ的增值业务，比如说红黄"钻"的充值。因为"钻"的等级的不同，用户享受到的等级待遇也不一样，这就使得绝大部分用户对于"钻"的等级的追求成了一种趋势，而增值业务的发展也就水到渠成。

"360杀毒软件市场的盈利方式与QQ一样，会有一些需要付费的特权。360要赢取市场就要先获得用户，有了庞大的用户体系，就有机会创造增值业务。这样，企业就有了利润，就有了主观的市场，这是一个庞大的发展计划。"当周鸿祎说出这一番话的时候，他对于360的未来早已有了一个主观的判断。而如今，这个主观判断差不多成了事实，这正是一个互联网行业领跑者水准的体现。

很多人经常将"便宜没好货"挂在嘴上，这成了行业内竞争对手打击360的工具。如果便宜的都没好货，那么免费的就更糟糕了。这是竞争对手们的一贯说辞。而周鸿祎对这种论调却抱着鄙夷的态度，他既然敢做免费的产品，敢将自己的产品敞开来全面经受公众的检验，他对自己的产品就有绝对的信心。不止如此，他还精益求精，努力将最好的技术，最好的实力奉献给每一个普通的互联网用户。周鸿祎一度将公司400多名高精尖技术员工都投入到了新一代防毒软件的研发事业中，不惜耗费巨额人力、财力、物力和时间，只为给用户带来最棒的体验。

为了使得360始终立于不败之地，周鸿祎将免费理念发挥得淋漓尽致的同时，还一直坚持旗下产品品牌的国际化路线。这使得360旗下产品既亲民接地气，又高端大气上档次，形成了一种独特的品牌效应。周鸿祎说，当年雅虎如日中天的时候，Google通过搜索将它打败，后来Facebook又通过社区抢夺了Google的地位。这些后起之秀永远是搅局者，他们通过拥抱变化，来引领互联网世界的一股股风潮。而周鸿祎亦是如此，他是当之无愧的行业领跑者，他亦掀起了有着强烈个人烙印的互联网巨浪。

来自瑞星"老大哥"的"深水炸弹"

所谓树大招风，一个行业里，竞争是永远避免不了的事情。竞争有可能带来失败阵痛，也有可能带来成功蜕变，长期来看，这是一种有利于整个行业更新换代的好事。在周鸿祎的主导下，360杀毒事业迅速崛起、蒸蒸日上，形成一股异常锋利的、让行内人士心惊不已的新势力。2008年，周鸿祎将360再次升级后投放市场，而360的杀毒软件已经趋于国际一流水准，仅仅用了不到半年的时间就超越了瑞星、金山、卡巴斯基等老牌杀毒软件，成为行业内的"新贵"。

360免费杀毒软件推出一年后，依据相关数据调查得知，瑞星、金山、卡巴斯基这三大"杀毒巨头"的销售额和用户量虽然还处于增长的状态之中，但其增长速度比起360来则远远不如。360的免费政策拓宽了整个行业市场的范围，市场份额自然也就水涨船高，并一举打破了杀毒软件市场维持良久、早已固若金汤的格局。到了2009年，360杀毒的用户活跃度早已超过了曾经的"大哥"瑞星，从此奠定了行业翘楚地位。这种势头下，360与瑞星、金山、卡巴斯基的战争避无可避，一触即发。

第一个站出来表达不满意见的是杀毒软件市场的"老大哥"瑞

星。2008年7月17日，奇虎360公开宣布将推出免费杀毒360，并对用户承诺360的免费服务将会永远进行下去。此举打破了国内互联网杀毒软件市场的平衡状态，各大杀毒厂商对此极为愤怒。第一个出头的是瑞星。360爆出免费消息一周后，瑞星方也出了一个大动作，之后爆发的一系列PK，也使得两家的口水仗进入了白热化状态。

1991年，瑞星诞生于北京中关村，是中国最早的计算机反病毒软件公司之一。经过多年的发展，瑞星无论是资历还是实力都有了旁人无法比拟的优势。瑞星的主要业务方向是计算机反病毒软件产品、网络安全产品及反"黑客"防治产品，在自主研究的基础上进行系列开发、生产及销售并获取企业效益，整个公司发展至今已拥有全部自主知识产权和多项专利技术。作为国内最早的反病毒厂商，瑞星在行业"老大哥"的位置上已经坐了近十年的时间。360的免费宣言，在瑞星看来，是一种赤裸裸的挑战，毕竟对于后者而言，杀毒软件的收费模式不仅是"行规"，还是自身最直接的利润来源。

仅仅一周之后，瑞星公司便做出了反击。瑞星方面公告，将在全球发布"瑞星卡卡6.0"，这款杀毒软件同样实行永久免费政策。而与"瑞星卡卡6.0"相捆绑的"瑞星杀毒软件2008版""瑞星个人防火墙2008版"将开放整整一年的免费期。瑞星这"三箭齐发"的势头明显冲着360而来。一石激起千层浪，瑞星的反击让业内很多原本就对360愤愤不平的人暗自高兴，也有更多的人处在一种看热闹不嫌事大的兴奋状态。气氛逐渐变得紧张，瑞星与360两方相互对垒，火药味也变得越来越浓烈。

就在瑞星发布"瑞星卡卡6.0"的两天前,瑞星市场总监马刚公开炮轰奇虎,宣称360杀毒根本不存在本地化,是个骗局。他进一步阐述说,360杀毒是站在外国软件的基础上,再进行页面优化而已,虽然奇虎频频摆出已然进入国内杀毒市场的架势,但其并未真正进入杀毒领域。到了"瑞星卡卡6.0"发布的当天,瑞星方面更是连发四篇文章,主要是为了攻击360的免费政策,这几篇文章的主题思想都围绕着"免费没好货"来进行,字里行间充斥着浓浓的对于免费杀毒前途的讥讽,类似于"纯粹免费不可能存在""免费安全没有保障"之类的论调更是比比皆是。

对于瑞星的"气急败坏",周鸿祎却表现平淡,他的反击也显得镇定、有理有据。他率领着旗下员工一直有条不紊地实施着原先的计划,没有受到太多的影响。与此同时360的反击文章也相继发表在相关媒体上,之前瑞星一直在指责360杀毒软件作假,360方则一再阐明,这种说法毫无根据;之前瑞星又说360杀毒软件的激活码有效时间只有一年,以此质疑360终身免费服务只是个幌子。360有力回击道,这种做法并不是360首创而是国际惯例,激活码即便过期,用户只要再重新将其激活就可继续享受免费服务,瑞星的骗局一说是诬陷,根本不成立。

后来,在接受媒体采访的时候,周鸿祎剖析那个时候自己的心态,不由坦言,360从来都不属于那种外圆内方的企业,这跟他个人的个性有关,说话从来都是直来直去,有时候就显得有点口无遮拦。他骨子里似乎没有继承中国传统文化中的中庸思想,很多时候他看不过眼，就会公开批评别人，从来忍不住自己的暴脾气。但是，360遭到的一系列激烈攻击，根本原因却不在于此。

周鸿祎继续解释说："根源在于我们破坏了潜规则。我做免费，人家的产品卖不动，收入下降没法上市，怎么可能放过我。我是等着被人家骂死还是起来还嘴呢？我肯定得还两嘴。"他天生个性如此，而这种强硬的、永不服输的性格对他的一生而言有着莫大的裨益，又带来了很多无妄之灾。而这都是他无能为力的事情。

还没消停多久，瑞星方又放出了一个"深水炸弹"，它公开宣称360杀毒软件携带极大的安全风险，说有用户向瑞星公司举报，在安装瑞星个人防火墙的时候被360杀毒中途拦截，整个安装过程就此停止。这件事在奇虎内部引起了轩然大波，上至管理层下至员工无不愤慨，周鸿祎却将大家的情绪压了下去。在他的安抚下，奇虎360的反应并没有外界想象的激烈。

眼见着口水仗愈发升级，周鸿祎却是无心恋战。他自走上创业之路，类似的口水仗不知道经历了多少起，这让他早早便明白了这类事情的根本意义在于无意义，他从骨子里不想将时间和精力浪费在这上面。但是他并不是任人宰割的人，他不想进行口水仗，但若别人一拳打了过来，他的本能反应便是回击。周鸿祎被拖进了这场战争里，双方的你来我往使得这场口水仗在外人眼里越发白热化起来。

让周鸿祎没想到的是，差不多一年后，这场战争升了级。2010年1月23日，波兰安全组织（NT Internals）机构向国内发了一封警告书，将瑞星杀毒软件自身携带的两个致命漏洞摊在了人们面前。波兰安全组织声称，瑞星杀毒软件的漏洞危害极大，一旦被黑客利用，用户的整个电脑系统都可能被控制。瑞星方第一时间对外宣称，他们已经进行了紧急的技术排查，漏洞不会对系统造成太大影响。

周鸿祎听到瑞星公司的说法后却陷入了沉思，他认为瑞星的漏洞威胁必然存在，但是可以实现技术补漏。在他的授意下，360投入了部分人力锁定了瑞星漏洞。就在瑞星再三否认漏洞带来的危害的时候，国外市场却出现了一些攻破瑞星漏洞的代码，且呈现出大面积扩散的趋势。波兰安全组织根据行规予以曝光，并同时发出警告，指责瑞星并没有就第二个漏洞进行技术补截，这会让用户电脑陷入极大的安全隐患中。360这时候趁热打铁，推出了针对瑞星漏洞的"临时补丁"，一时间被瑞星用户踊跃下载。

360此举无疑是戳中了瑞星的软肋，瑞星公司连连指责360这是在明目张胆地进行非法竞争，瑞星公司代表人一再出来说话，说瑞星漏洞的危害性根本没有那么大，而且已经得到彻底修复，360是在忽悠用户抛弃瑞星转投向360怀抱。360立马出来反驳道，瑞星漏洞本属事实，瑞星隐瞒这一点就是对自身用户的不负责任。

瑞星在这一场"杀毒攻防战"中没有讨到丝毫好处，但这之后它开始针对360杀毒软件的不足之处展开了报复。不久，瑞星就爆料360这是在"贼喊捉贼"，因为用户在安装360安全卫士的时候，其私下开设的"后门"会给电脑系统带来巨大的安全隐患。瑞星声称，"后门"一旦被黑客利用，会轻易读取、修改或者删除系统注册表或者用户的文件信息，用户的隐私在"后门"面前将荡然无存。

对此，周鸿祎第一时间发布声明称，360早已发出了正式补丁，软件升级一旦完成，漏洞问题便不复存在。之后，周鸿祎特地请来中国信息测评中心的权威人士对360杀毒软件进行检测，检测结果显示，360的"后门"问题已得到彻底解决，也并没有发现明显的漏洞。为了维护360的声誉，周鸿祎一纸诉状将瑞星告到了法庭，要求瑞星方面就抹黑奇虎360等问题公开道歉。最后，法院宣布瑞星不正当竞争行为属实，奇虎大获全胜。

这场争端之后，周鸿祎强调说，没有十全十美的软件，再完美的软件都可能出现漏洞。问题的关键是漏洞发生后该怎样去解决这个问题，该怎样对用户全权负责。而这是一个安全厂商必须要承担的责任。杀毒软件商的态度将决定一切，任何时候都应该将用户放在最重要的位置上，不要为了一点蝇头小利或者所谓的名誉去损害千万用户的利益，辜负他们的信任。

对垒金山，"攻心战"一触即发

周鸿祎说，他从不标榜自己是一个道德多么高尚的人，也不认为自己是个纯粹而又脱离了低级趣味的人。如果要他如实去评价自己，首先，他认为自己是一个商人。但他做360，主要的目的并不是为了挣钱。当年在马连洼创业阶段，即使一分钱都没挣着，妻子也从没怀疑他挣大钱的能力。如果他不做360，光靠做天使投资，他也能挣到很多钱。但是他的人生目标不在于此。

周鸿祎经常跟自己说，你总得给这个社会带来点什么不一样的改变吧。后来，他想，如果能够把免费安全做好、做到极致，就是一件改变社会的事儿。

360与瑞星之间的口水仗告一段落后，在2011年3月底，360即将上市的准备期里，瑞星终于败得丢盔弃甲，向免费安全彻底投降，并宣布瑞星旗下面向个人的安全产品将全部提供免费服务。

与瑞星不同的是，金山并不拘泥于杀毒软件市场的收费规则，反而紧跟着360的脚步，相继推出免费的金山网盾和金山卫士。周鸿祎高举免费杀毒新概念以强势的姿态攻入杀毒软件市场，得罪的人实在太多，不但引来了"老大哥"瑞星投掷的一波波"深水炸弹"，与金山的关系也变得紧张。

金山创建于1988年，是中国知名的应用软件产品和服务供应商。1999年，金山推出"金山毒霸"的最初版本，从此在杀毒软件市场稳扎稳打，多年位居第二名的位置，直到360安全卫士的出现，才打破了这一既有格局。根据相关专业人士的对比分析，认为360和金山的商业模式有着微妙的相似之处，所谓"一山难容二虎"，在激烈的市场压力下，两家企业的竞争在所难免。

2010年5月21日，金山公司公开宣称360存在恶意竞争行为。金山公司的对外声明里说，不断有金山网盾的资深用户联系金山软件客服，控诉360安全卫士频频打着软件兼容的借口唆使用户强行卸载金山网盾，在金山看来，这属于赤裸裸的"病毒行为"。此事一出，整个互联网界哗然。360立马回应道，金山这是在"倒打一耙"。360之所以会放弃与金山网盾兼容共存，是因为那段时间360安全中心接到大量用户的投诉，用户声称个人电脑在同时安装360安全卫士和金山网盾之后，问题接踵而来，不仅浏览器的运行速度变得缓慢，木马病毒也乘虚而入，对他们造成了极大的困扰。

360方对用户投诉的问题极为重视，在经过360安全工程师验证后发现，金山网盾会对360安全卫士网页防火墙的正常运行造成影响，加上其他问题，用户的整个电脑防护的漏洞便凸显了出来，用户上网安全得不到保障。360公司为了解决这个问题，曾多次与金山公司进行沟通，对方却一直没有拿出理想的解决方案。本着"用户第一，安全至上"的原则，360公司决定不再无谓地耗下去，这才出现了所谓的"病毒行为"。当然，360将一直尊重用户的知情权和选择权，当用户在继续信任360还是选择金山网盾之间做出决定的时候，360保证不会干涉用户的决定。

金山公司在受到360的反击之后，立即发布"严正声明"，称360是在"耍流氓"。一方面，金山公司称360指出的兼容问题并不存在，并详细列举金山网盾的发展轨迹，历数其辉煌点滴；另一方面，金山的义正词严也引来了部分网友的跟风，纷纷翻出周鸿祎"流氓软件之父"的"黑历史"，持续抹黑360。周鸿祎出奇地愤怒，他没想到在做了这么多后，这个污名居然还没有被人们忘记。但愤怒永远不能凌驾于理智之上，周鸿祎冷静了一下，将"战情"从头到尾捋了一遍，完整的对策慢慢浮出了水面。在他的授意下，360连发三篇犀利文章质问金山。

这三篇文章，一问金山网盾为何向广大网民隐瞒其已变成木马等恶性病毒通道的事实，为何金山网盾能够和木马病毒和谐相处，甚至被后者利用来推广恶意网址；二问金山软件为何故意在用户电脑中遗留下一个对电脑数据、用户财产和隐私有着极大威胁的高危漏洞；三问金山为何在360保护用户的时候出手干扰，自己拦不住，却也不让别人拦。在360看来，金山已经违背了一家安全公司最起码的底线，原有的互联网大家风范也消失殆尽。

5月25日，周鸿祎终于按捺不住，利用微博亲自参战，一时间吸引了无数的眼球。周鸿祎在4个小时之内连发42条微博，在他颇为愤慨的表述里，人们得知了一个重要的信息：360与金山这两家公司原本就有宿怨，而金山这次正是冲着360而来的。之后，金山安全CEO王欣和可牛软件CEO傅盛（后任职金山CEO）也相继参与了这场微博大战。周鸿祎炮火猛烈，一再揭露杀毒软件的黑幕，叫对手充分领教了他耿直火爆的个性。他甚至针对金山董事长求伯君说道："这两年用了些年轻人，不知道为什么就那么爱搞暗箱操作……搞得现在的金山还像金山吗？"

第五届中国互联网站长年会于2010年5月29日举行，周鸿祎不但出席了此次会议，还在会议现场当着大家的面将金山网盾升级版拦截360的视频证据完全展现了出来。而在微博战场上，金山官微一直强调"清者自清，浊者自浊"，虽然金山官方未与周鸿祎正面直怼，但金山安全CEO王欣始终将矛头指向周鸿祎，再三强调"群众的眼睛是雪亮的"，周鸿祎这边更是颇感委屈，立誓要"硬磕到底"，双方甚至曾经"互诉公堂"，同样将对方告到了法庭上。这使得金山与360之间的矛盾越结越深，变成了一场旷日持久的拉锯战。

2010年6月11日，金山联合百度、腾讯、搜狗、瑞星、遨游、酷我、PPStream、可牛、顺网科技等数十家国内知名互联网企业共同成立了软件自律联盟，独缺奇虎360的身影。此软件自律联盟声称将对互联网行业内出现的恶意竞争行为进行监管和约束。巧的是，就在同一天，奇虎360为反流氓软件联盟创始人董海平投资100万人民币，帮助其建立"软件行为监督用户联盟"。自此，双方又展开了新一阶段的"联盟保卫战"。

很难说这场"攻心战"究竟谁是谁非，但是时间似乎印证了一切。随着时间向前推进，奇虎360的市场份额一直呈现着蓬勃的上升趋势，金山与360的差距却越来越显著。虽然金山很快便反应过来，于2010年11月10日正式推着旗下产品"金山毒霸"，匆匆忙忙地走上了免费之路，市场颓势却已注定，无法逆转。

到了2010年的最后一天，360与金山之间的大战燃起了最旺的一把火，而360也差点变成了炮灰。这次事件，堪称360史上最大危机之一。2010年12月31日下午，金山突然召开新闻发布会，称360利用客户端秘密收集用户信息，使得大量用户信息的日志文件被Google收录索引，用户的互联网浏览记录、网站及邮箱的用户名、密码等隐私信息遭到大规模泄露。金山公司表示，这些信息一旦被黑客注意到，将对这些用户造成难以挽回的损失。

面对金山网络的指控，周鸿祎的心提到了嗓子眼。在经过系统调查之后，360表示，金山提供的证据都不属实，他们是在运用这样的方式打击陷害对手。而金山公司发布的那些360恶意收集用户隐私的证据中，带着大量牵强附会的说辞，若说360某项技术功能威胁到了用户隐私，可笑的是金山、瑞星、卡巴斯基等知名杀毒软件都有这一功能。

大部分网民选择了站在奇虎360这一边，这场风波终于有惊无险地度过去了。周鸿祎原本是很不屑于这种"口水战"的，可是后来，他却在愤慨情绪的支配下，亲自下场"撕敌"，等冷静下来后，他多多少少有点后悔。即使如此,他始终认为,但凡有人以污水泼向360,泼向自己,据理力争是他的权利。在这一系列的战争中,周鸿祎反而对360的免费大旗越发怀有信心,而其未来的盈利模式似乎也清晰了起来。

从亲家变成冤家的卡巴斯基

与瑞星、金山不同，360与卡巴斯基原本是亲家，最后却变成了冤家。2010年6月1日，国内杀毒软件与安全领域间的混战并未因为这个喜气洋洋的节日的到来而停止，反而战况紧张，愈演愈烈。奇虎360董事长周鸿祎利用搜狐微博和其他平台针对金山安全、瑞星杀毒等互联网企业发布了一系列行业内的"黑幕"。之后，卡巴斯基大中国区的总裁、董事长也加入了这场混战之中。

说起卡巴斯基，很多人对这个名字并不陌生。卡巴斯基反病毒软件所依赖的专业技术堪称"高精尖"，在全球范围内都赫赫有名。其总部"卡巴斯基实验室"设置在俄罗斯首都莫斯科，是国际上极有名气的信息安全领导厂商。2002年，卡巴斯基决定进军中国市场，之后便展开了一系列的动作。但是因"水土不服"等原因，卡巴斯基虽然实力过人，却没有取得预期的成绩。后来，卡巴斯基与本土企业奇虎360渐渐走到了一起。到了2006年中，360安全卫士与卡巴斯基结成了亲密的合作关系。

按照合作约定，互联网用户只要安装360安全卫士便可以免费使用卡巴斯基杀毒软件，这种捆绑共赢的策略使得双方获益良多。360

安全卫士借助卡巴斯基的影响力一举成为国内最受欢迎的免费客户端软件之一，而卡巴斯基顺利打开了中国市场，并很快成为国内最大的、口碑良好的盒装杀毒软件厂商。

"蜜月期"总是过得很快，等到2008年7月7日，360推出自家的免费杀毒软件之后，地位受到了严重威胁的卡巴斯基变了脸。很快，卡巴斯基终止了以往的合作。这一阶段，虽然360安全卫士的网站上依然存在卡巴斯基杀毒软件的购买渠道，但双方的关系已经出现了难以愈合的裂痕。到了2008年8月2日，卡巴斯基推出了最新型的全功能安全软件，而周鸿祎则率领着奇虎360昂首阔步地迈入了互联网免费安全领域。双方从亲家变成了冤家，就此分道扬镳。卡巴斯基虽然之前充当过360亲密合作伙伴的角色，但一直对360的实力有所轻视。面对周鸿祎的免费政策，卡巴斯基却不以为然，坚持认为收费策略不宜改变。

卡巴斯基的创始人尤金·卡巴斯基甚至高调宣称："没有真正意义上的免费杀毒软件，安全问题是一个很严肃的话题，免费的杀毒软件无法支撑数千名工程师进行持续的更新和使用。"而360当初在推出免费杀毒软件的时候也曾说过，国内很多用户在用了国外的杀毒软件之后发现它们一般会大幅度占用系统资源，使得系统出现"卡机"的情况。另外，还有用户反映，国外软件总有着各种各样的"误杀"，这是因为它们无法真正适应中国的软件环境。360强调，这些问题对于360杀毒软件来说都不是什么大问题。360和卡巴斯基的这种类似于互相拆台的行为使得双方的关系剑拔弩张，而周鸿祎的一句话彻底点燃了战火。

2010年5月举行的第五届中国互联网站长年会上，周鸿祎说道："没有360，在中国卡巴斯基根本没有机会。"这句话顿时引起了轩然大波。之后，卡巴斯基亚太区总经理在新浪微博上发出了一封公开信，名为"回头是岸——卡巴斯基张立申致360周鸿祎的一封信"。一时间，围观群众越来越多。信中，张立申称呼周鸿祎为"周总"，首先将卡巴斯基在大中华地区、亚太地区乃至全球创下的"赫赫战绩"——列举，接着貌似不温不火、实则犀利尖锐地挑明，当周鸿祎在互联网站长年会上说那句话的时候，他本人正在布里斯班参加卡巴斯基公司澳大利亚的渠道大会，而卡巴斯基的业绩在很长一段时间里一直维持着稳定的增长趋势。张立申阐述道，卡巴斯基在全球范围内的互联网安全企业中排名第四，其增长速度仅次于谷歌。

就在张立申用一系列成绩证明卡巴斯基在美国市场上都颇受青睐的情况之后，突然话锋一转，苗头对准了卡巴斯基在中国的影响力。他一再说卡巴斯基是专业安全软件，中国有数以亿计的互联网用户是卡巴斯基安全产品的喜爱者。张立申对之前360与卡巴斯基的合作进行了一番回忆，话里话外的意思是说，360只是中国本土企业，与卡巴斯基毫无对比性。"当年你来找我合作的时候，我就跟你说过，卡巴斯基和360不是竞争对手。到现在，我也不认为360是卡巴斯基的对手。无论360的结局如何，卡巴斯基都将继续保持专业安全软件全球领跑者的地位，在中国也一样。"

最后，张立申奉劝周鸿祎："多年以来，你一直都是一个不甘停下、奋不顾身往前跑的人。人生，有的时候，需要暂时停下来，你会发现，原来——回头是岸。"

首先，张立申和周鸿祎立场不同，盘踞一方为己方而战是再正常不过的事；其次，当年360与卡巴斯基的合作反目诸多事宜牵扯着太多的利益关系，谁是谁非早已不明晰。但张立申有一句话说得很对，周鸿祎确实是一个奋不顾身、勇往直前的人。创业路上，误解、非议、谩骂、毁谤，这类事情他经历得太多，几乎每一次，他都会据理力争奋起反抗，反而给外界留下了一种性格激越、沉不住气的感觉。

这一次，面对对方的讨伐长信，他却在微博上给出了简短的回应："今天有收费杀毒厂商的老总写博客，劝我'回头是岸'，仔细拜读后，我领会到他的真正用意：只要我能放弃免费杀毒，回头和他们一起做收费，那就什么都好说。我想问问大家：你们希望我回这个头吗？""绝大多数网友都不希望我回这个头，看来只能辜负这位老总的一片好心了，在此谢谢他的好言相劝。"

在周鸿祎看来，这场大战的关键点在于360一意孤行的"免费战略"。他是铁了心要将免费杀毒进行到底，哪怕在行业内"众叛亲离""腹背受敌"也绝不退缩。当卡巴斯基的"傲慢"撞上了360的"强硬"，前者是一点好处都没有落下，这两家公司由此生了嫌隙，乃至彻底决裂。2010年9月，席卷全球的Stuxnet蠕虫病毒（超级工厂病毒）悄然入侵我国，短短时间内使得国内近500万网民及多个行业的领军企业都遭受到了该病毒的侵袭。不断有反病毒专家公开表示，超级工厂病毒可能在我国大规模传播，造成巨大损失。

2010年10月2日，360及时发声道："'超级工厂'利用了'已知的'微软漏洞，因为有360系列安全软件的存在，中国已解决超级工厂病毒的攻击。"十多天后，卡巴斯基方特地发表声明，称360早前的官方新闻"一派胡言""口出狂言"，还说这是为了掩饰360自身的不足，完全是在混淆视听，严重背离事实。360不甘示弱，及时回应道，卡巴斯基总会在360为了用户利益出头的时刻突然出现在背后，发表一些"趁火打劫、自我炒作"的言论，比如说"回头是岸"公开信，比如说所谓免费杀毒的"N宗罪"，而这一次也不例外。卡巴斯基之所以急不可耐地跳出来说360，是因为"超级工厂"病毒能够轻松绕开抑或破坏卡巴斯基的防护，而360安全卫士却能够完美防御此类病毒攻击。

周鸿祎曾有过这样的调侃，一个互联网用户的电脑上是不可能装有两款杀毒软件的。任何行业的竞争都有着激烈的"排他性"，所谓"一山不容二虎"，卡巴斯基由"亲家"变成"冤家"，归根结底也不是一件那么难以理解的事情。只是无论怎样，在周鸿祎手里，"免费"这张王牌变成了无可争议的"制胜法宝"，促使360就此迈入辉煌之旅。

第四章

激战3Q：沸腾三年，大家都是赢家

3Q 大战，拉开帷幕

2017年，腾讯微信官方表示，因为苹果公司新规定，2017年4月19日17:00起，ios版微信公众平台赞赏功能将暂时关闭。这一公开声明似乎让人们看到了苹果与腾讯"大战"的端倪。腾讯之所以"出此下策"，是因为苹果之前的主动出击。而苹果对微信的出手，却正如当年沸腾互联网圈的"3Q大战"，只不过那一次的主角是360与腾讯。那么，所谓的"3Q大战"，究竟是怎么回事呢？

奇虎360将"免费"这张王牌打得出神入化，赚得盆满钵满的同时也赢得了巨大的声誉。短短两年内，360的用户人数一举突破3亿，成为国内仅次于腾讯的第二大互联网客户端公司。尽管成绩骄人，周鸿祎却没有掉以轻心。他明白，行业内的竞争如影随形，无处不在，在没有变得更强大之前，360的"危机"将永远存在。

1998年11月，马化腾、张志东等五位创始人共同创立了腾讯，经过多年的发展，腾讯已经成为中国最大的互联网综合服务提供商之一。在"3Q大战"之前，腾讯已经成为中国第一大门户网站，而360主攻网络安全服务，两者之间似乎暂时并无直接的竞争关系。但仔细分析便会发现，腾讯与360这两家公司的经营模式在某种程度上来说是有着一定的相似性的。马化腾利用免费的腾讯QQ产品彻底打开了市场，得到广大用户的拥戴与认可。这之后，腾讯的发展顺风顺水，征战步伐也不断加快，随着腾讯游戏、腾讯网、腾讯新闻等业务、软件产品相继被推出，横跨娱乐、咨询、游戏等领域的"腾讯帝国"隐隐浮出水面。

腾讯的"免费"QQ给了周鸿祎很多启发，毕竟QQ一开始也只是一款极不起眼的简单软件，它的"免费"特性却在极短时间里收获了大量用户的青睐，随着用户量的暴增，腾讯公司摇身一变，从一家小公司变成了一个市值超过千亿的强大帝国。周鸿祎由此领略到了免费的魅力。当360安全卫士打着免费的旗号被投入市场的时候，广大用户"蜂拥而至"，这让周鸿祎喜出望外的同时对未来的路有了更深刻的认识。

靠着360安全卫士闯出一片天地后，周鸿祎带领着小伙伴乘胜追击，推出了更多的优质产品和服务，奇虎360很快便形成了一个品牌效应，越来越叫人看好它的市场潜力。然而，随着腾讯QQ医生安全软件产品的推出，腾讯与360之间的关系变得微妙起来。

2010年春节前后，腾讯QQ医生安全软件通过之前采用的强制推广策略，安装量以令人咋舌的速度突破了1亿，市场份额也达到了40%。在二三线及以下城市，腾讯QQ医生安全软件的表现则更为亮眼。QQ医生刚问世的时候还只是一款检验木马病毒的小软件，但周鸿祎还是异常警觉。他在公司内接连开了几次会议，决定要将360的安全产品和服务进一步完善。但是三个月后，QQ医生及QQ软件管理被升级为QQ电脑管家，观其整个界面功能，与奇虎360越来越相似。这让周鸿祎大呼头疼。

眼瞧着QQ医生接连几次升级，将360所有主流功能通通"复制"了一遍，影响力越来越大的时候，周鸿祎终于坐不住了。毕竟腾讯作为有10亿用户群的上市公司，在人们的眼里一向是树大根深，实力雄厚，它的每一次主动出击都取得了不俗的成绩，堪称无往不胜。当初腾讯做即时通信，很快聚拢了庞大的用户量；做门户网站，很快将新浪、搜狐甩在身后，成为全网流量第一；后来腾讯进入游戏领域，照样"混"得风生水起，有滋有味。这些案例都表明，对于360来说，腾讯绝对不是一个可以轻易拿下的对手。眼看腾讯QQ医生来势汹汹，周鸿祎颇感压力。

周鸿祎曾说："坦率地讲，我没有想跟腾讯打仗。腾讯是国内最强大的互联网公司，市值几千亿，而360还不是上市公司。我们疯了？要去以卵击石？"创业这些年来，周鸿祎似乎走在哪里都"战火沸腾，硝烟弥漫"，他口无遮拦、树敌无数的形象更是深入人心。周鸿祎对此其实是很委屈的，他说，别人都觉得是他主动挑起战争，而只有自己明白，每一次他都是被迫应战。比如由QQ医生升级成的QQ电脑管家，在周鸿祎看来，腾讯在推广此产品的时候根本没有给予用户任何的知情权和选择权，一般都是用户还没反应过来，QQ电脑管家就已经被安装完成了。

有360内部人士坦言："如果不是360发现得早，几天之内QQ电脑管家就会通过后台静默安装的方式强行装到全国用户的电脑。这不仅是在公然'强奸'用户电脑，而且对整个安全行业而言也意味着恶性竞争。"

抛除这点，QQ电脑管家与360安全卫士未免也太过雷同，不管是图形界面还是主要功能，甚至是文字字体这些细节的地方都在抄袭360安全卫士。周鸿祎觉得，是可忍孰不可忍，"这样的抄袭加强制推广是置360于死地。我们在功能上、界面上、用户体验上下了很多功夫，可是QQ电脑管家丝毫不费力地就抄过来了，虽然做得并不比360好，但显然这是对360权益的侵犯。"

腾讯是一家"可怕"的公司，它的可怕之处在于"全业务"，不管是即时通信领域、搜索领域、娱乐领域还是游戏领域、购物领域、支付领域等，腾讯不仅全部涉足，还鲜有对手。腾讯的特殊性在全世界互联网企业的发展史上都很突出，马化腾作为腾讯的领导人，甚至提出了一个"可怕"的口号：用户每天"只要有三分之二的时间贡献给腾讯就好"。在国内互联网江湖上，一直流传着这样的传说，那就是企鹅帝国"一直在模仿，从未被超越"。不管哪家互联网公司的业务被腾讯模仿，后者必会大放异彩，而前者却会非死即伤。周鸿祎当然不希望360成为前者，他更不希望辛苦经营的事业被腾讯毁于一旦。

在这之前，周鸿祎一直很欣赏马化腾，并多次当着公众的面对其赞不绝口。然而这次，周鸿祎却时而愤怒异常，时而忧心忡忡。据说，他曾私底下给马化腾发过短信，对腾讯的做法给予了谴责。而马化腾却没当一回事，觉得周鸿祎的反应过于激动。马化腾从不讳言腾讯对于"模仿"这种商业模式的热衷，他曾说"创新与引入并不矛盾。例如日本和韩国的汽车，都是从引入做起然后才开始去创新。我们所提倡的是聪明的引进，并不断地在此基础上进行创新。"马化腾还总结道："正是有了模仿后的创新，我们才拥有了QQ庞大的用户群，这才有了撬动整个腾讯体系的支点。"

周鸿祎自然是怒不可遏，他觉得矛盾的关键点根本不在于商业理念的迥异，而是腾讯已经切切实实地威胁到了360的生存。面对这么强劲的对手，这场战争他不想打，却也不得不硬着头皮打。他对腾讯的实力及以往做派十分清楚："这一巨头在中国的策略很明确，就是绞杀一切有可能成长起来威胁到其未来成长的力量，你什么都不做也会绞杀你。"既然如此，还不如痛痛快快打一场，周鸿祎的脾气一直这么硬。

周鸿祎一直是不出手则已，一出手必要抓住对方的"七寸"。他和团队准备良久，终于研发出了一款直击腾讯"命门"的产品——"360隐私保护器"。"3Q大战"由此拉开了序幕，整个互联网江湖霎时间风起云涌。

赤膊上阵，激战正酣

2010年9月，"360隐私保护器"第一版出现在了公众的面前。这是一款个人隐私保护工具，目标是那些"窥私"软件。这一次，周鸿祎将矛头毅然决然地对准了腾讯。

360与腾讯之间一触即发的纷争引起了绝大部分人的关注。为此，周鸿祎不得不亲自跑了一趟香港，跟投资人推心置腹地谈了许久。后来他说："一般投资人都知道，对腾讯要绕着走，但是这次我根本绕不过去。所以王功权也理解。国外投资人对我们的做法也是理解的。"

"360隐私保护器"的第一版本暂时只支持即时通信软件QQ，因其用户投诉最多，覆盖层面最大。360中心负责人称，有大量用户投诉称某聊天软件经常会在用户毫不知情的情况下私自查看用户的个人隐私文件信息、数据，用户担心这些软件会使得个人隐私数据泄露。经验证，这件事情属实。

360公司总裁齐向东在说到"360隐私保护器"的时候，坦然道："我们希望360隐私保护器的推出，能给广大用户更充分的知情权和选择权，从而推动客户端软件行业的行为更规范、透明和可持续发展。"在外界看来，360明显是在"剑指腾讯"，而"360隐私保护器"则是360打响的第一炮。

网民最关注的问题莫过于"个人隐私信息""个人文件、账号"及"线上支付"等网络安全问题。当QQ客户端存在窥探网友的上网信息及个人隐私文件数据等相关问题被确认的时候，大家对"360隐私保护器"的热情就空前高涨了起来。周鸿祎做360，就是要做网络安全的保卫者，360一贯坚守的原则是保障用户的权益。而这场所谓的"3Q大战"，对周鸿祎来说，是一场艰巨的保卫战。实力上，腾讯"家大业大"，360是后起之秀，后者实力无法与前者相抗衡，但在技术上，周鸿祎是不怕的。他原本就是做技术出身，技术是他的拿手活，这会儿又变成了对付腾讯的撒手锏。

腾讯那边，一边向外界解释腾讯QQ并没有窥探用户隐私的行为，一边对"360隐私保护器"深恶痛绝，称其为"QQ抹黑器"，甚至一度将360告上了法庭，称其不正当竞争。这边，周鸿祎把自己关在屋子里冥思苦想了好几天，又酝酿出了一个大招。周鸿祎吃够了"流氓软件"的苦头，绝对不想再得罪用户。那么如何在不伤害用户体验的同时，将QQ安全管家对360安全卫士的抄袭扼杀在摇篮里呢？

QQ电脑管家的推广方法颇为"流氓"，即"强制性捆绑、静悄悄地安装"，目的就是取代360安全卫士的江湖地位。周鸿祎反复盘算，突然想到，360何不以其人之道还治其人之身呢？如何让360也出一款软件牢牢遏制住腾讯的弱点，且让对方只能束手束脚？

10月29日，奇虎360的最新产品"360扣扣保镖"横空出世，这款软件的主要服务群体是腾讯QQ的广大用户群，既能够保护用户隐私，阻止QQ强行静默扫描用户硬盘；又能够防止木马等病毒的侵袭，杜绝盗号侵扰；同时"360扣扣保镖"还能够快速过滤名目繁多的广告，让聊天更清爽；并及时清理QQ垃圾，加快QQ运行速度。"360扣扣保镖"的强大功能得到了网民的拥护和青睐，短短72个小时之内，其下载量就突破了2000万。

那时候，QQ用户若不想受到广告的侵扰，得交10块钱。"360扣扣保镖"的广告过滤功能让腾讯的广告业务受到了前所未有的阻碍，腾讯的收入因此大打折扣。周鸿祎推出"360扣扣保镖"无疑是将原本的口水战推上了技术战的高度，这记大招相当于断了对方的财路，这让腾讯勃然大怒。

直白地说，腾讯最显著的优势在其数目庞大的用户量。而"360扣扣保镖"却直捣命门，利用腾讯的优势用户量来大做文章，用户量、装机量越多，腾讯受到的损失就越大，这甚至危及了腾讯最核心的商业利益。难怪后来马化腾在接受采访的时候会沉重地说："形势危急，再过三天QQ用户有可能全军覆没。"

腾讯公司愤怒地称，"360扣扣保镖"是超级病毒、外挂和木马。周鸿祎却掏心掏肺地说："360敢做这种得罪用户的事吗？用户骂360的产品，我都不敢睡觉，非得了解透了，找了负责人解决一下才睡得着。有了3721的前车之鉴，我根本就不敢得罪用户，更何况什么超级病毒，什么后门程序了。"

病毒能够自我复制，木马有后门程序，外挂有其具体的法律定义，这些特性"360扣扣保镖"都不具有，因此这款软件不可能是腾讯口中的超级病毒、外挂和木马。腾讯之所以这样说，无非是360动了其"奶酪"，对其形成了威胁和打击。用周鸿祎的话来说，"360扣扣保镖"就是一款对用户有价值的、竞争性的安全软件产品。

"'扣扣保镖'就是要给用户一个选择，不仅能让QQ更安全，而且用户能够管理自己的QQ，管理弹窗、管理组件、管理升级。'扣扣保镖'体现的就是互联网的精神，让用户越来越自由。但我没想到用户对QQ广告这么反感，全都过滤掉了。这对腾讯的商业模式显然是个冲击，腾讯靠QQ就挣不了这么多钱了，于是马化腾就把'扣扣保镖'描绘成超级病毒，一定要把这款产品搞臭，把360搞臭，把我搞臭。这样，他才会有充分的理由去绞杀360。"周鸿祎勇敢好斗、直言不讳的性格在这里有了淋漓尽致的体现。

腾讯的规模比360不知道大多少倍，实力亦不知道强劲多少倍，但周鸿祎偏偏不屈不挠，抱着抗争到底的态度去应对。他"赤裸裸"地说："QQ是一个封闭的帝国，它强制弹窗、强制扫描、强制升级、强制推广，它的商业模式就是依靠用户在QQ上积累的社会关系，强制用户接受它的产品。这种商业模式，让整个互联网行业创新寥落，寸草不生。"

面对周鸿祎的"来势汹汹"，腾讯彻底爆发，摆出"不是你死就是我亡"的决绝姿态，做出了一个让360措手不及的"二选一"的决定，战况愈发升级……

垄断与反垄断

2017年上半年，国内互联网圈发生了一件大事，吸引了众多"吃瓜群众"的目光。这便是"菜鸟大战顺丰"。有好事者称，这场"菜鸟顺丰战"实在像极了当年的"3Q大战二选一"。那么，后者究竟是怎么回事呢？

2010年10月27日，腾讯与百度、金山、可牛、遨游这五家公司组成"反360联盟"，并通过QQ弹窗宣战。除此之外，与360结下新仇旧怨的还有瑞星和卡巴斯基。2010年11月3日晚，还是通过QQ弹窗，腾讯面向用户发出了最后通牒——《致广大QQ用户的一封信》。战火最终蔓延到了广大用户的头上，通过这封公开信，腾讯对用户说"不能让您的电脑桌面成为'战场'"，表面上是将选择软件的权利交给了用户，却有专业人士评价说这实际上是一种"伪选择权"。

信中宣称："在360公司停止对QQ进行外挂侵犯和恶意诋毁之前，我们决定将在装有360软件的电脑上停止运行QQ软件，直到360公开道歉，并停止侵害和诋毁腾讯为止。"这便是马化腾那招著名的"二选一"，用户如果不卸载360，便无法继续正常、安全地在网上交流，这让广大用户陷入了两难境地。

腾讯背后站着强大的"反360联盟"，它实际上想传达给用户的是，360若"死不回头、一意孤行"，以腾讯为首的这五大互联网运营商将选择不兼容360旗下软件产品。用户想要使用QQ，就得卸载360。那时候，QQ已经成为绝大多数人的互联网沟通工具，这就使得360陷入了一个被动的状态。极短的时间里，卸载360的用户超过了6000万。

对于腾讯一方的做法，周鸿祎极为愤慨。在两年后的第十四届人大反垄断法高峰论坛上，他曾阐述道，在微软浏览器垄断全球的情况下，360在全世界范围内第一个打破了微软的垄断。在那个舞台上，他也曾大胆自问："为什么2010年会出现3Q大战？"随后，他提炼出了一个关键性的概念——"垄断"。

"中国互联网今天的发展得益于国家的人口红利。因为我们的人多，越来越多的互联网用户，凭用户我们也是全球最大的市场。但大家注意到没有，过了十年，美国已经换了一批人。但中国的互联网模式再做下去，再过十年，出来讲话的还是我们这帮早就应该退出历史舞台的人。中国为什么出不了Facebook？就是因为中国的互联网形成了天然的垄断。例如，百度垄断了流量，但当百度自己做视频业务的时候，它把它的视频流量全部提供给它旗下的公司——爱奇艺，那么土豆、优酷便失去很多用户。"

周鸿祎对于"垄断"这个概念极为敏感，亦附带着强烈的爱憎情感。甚至可以说，3Q大战某种程度上是一场盛大、瞩目的垄断与反垄断之战。在2011年5月31日，经过半年准备后，周鸿祎主持召开了360北京互联网开放大会，隆重宣布将以中小互联网企业的创业活动为支持目标，建立10亿元创新基金，及其他3项扶持政策。周鸿祎前前后后，为中国互联网领域的反垄断之战付出了不少心力。

互联网三大巨头各据一方分庭抗礼，隐隐形成"鼎立之势"，周鸿祎总是"明刀明枪"地强调：自己并不想做第四大巨头。"有些人认为3Q大战是我们策划的，其实不是的，这不是能策划出来的。就跟打仗似的，你怎么能预言对方的主帅做什么决策。我们就是本着一个最质朴的想法，最后咱们就比谁的用户最好呗。"

结果马化腾甩出了"二选一"的大招，周鸿祎觉得这百分之百是个错误的决定。腾讯这是在藐视用户。腾讯、百度、阿里可以说是把持了绝大部分的流量，巨头从此便有了"漫天要价"、藐视用户的资本，留给新兴创业者的机会越来越少。周鸿祎想打一场反垄断的硬仗，他始终相信，一旦旧的格局不再适应互联网发展的新需要，便会被抛弃。在这个基础上，巨头的光环将逐渐淡化，互联网新兴创业者便能够与其平等对话，共塑中国互联网事业的璀璨未来。

外界评价说，周鸿祎可能是中国互联网界的最后一个大佬，而360则是最后一个互联网巨头。周鸿祎对此说法并不感冒，他一直认为360是实打实的创业公司。"我们不要像这些评论家一样，盲目地将360称为互联网巨头。从时间上讲，我们的历史比人家短一半，我们做了8年，他们已经做了16年。"除此之外，周鸿祎不止一次强调说，从各方面分析那些真正的互联网巨头都是现阶段的360远远比不上的。

　　面对"反360联盟"的围攻，周鸿祎愤怒，采取的手段却不如以往激烈。360虽然不是脆弱的"鸡蛋"，腾讯却是实打实的"硬石头"，既然这一次腾讯将用户的感受抛之脑后，他却要将"用户至上"的亲民路线坚持到底。就这样，11月4日，"360扣扣保镖"悄无声息地退出了市场。360则低调地道歉道："我们始终坚信用户是自己电脑的主人，中国互联网的发展始终是由每一个用户推动的。所以，我们本着为用户负责的精神，决定搁置公司与公司之间的争执。在这里，我们向每一位受这个事件影响的用户表示我们心中的歉意。"

　　腾讯的"二选一"决策激起了巨大的公愤，毕竟它拥有的是中国最大的互联网客户群体，QQ也已经有了极强的社会属性。当中国网民的通信权利及信息沟通的自由陷入了一种两难境地的时候，负面舆论一波波涌起，不断有人断定，正是绝对垄断的地位才让腾讯有了为所欲为的资本。虽然在国家工信部的介入下，双方的紧张气氛有了暂时的缓解，但腾讯还是为其行为付出了代价，毕竟，它的市值在缩水。

　　3Q大战给广大网民带来的不便让他们颇感愤怒与无奈。一位网民在西藏旅游的时候，因受到腾讯"二选一"抉择的影响无法给朋友发照片，干脆从西藏带回两块板砖，专门放在了深圳腾讯总部的门口，并将他的"威胁"写在了板砖旁边的标语牌上："在腾讯公司给我书面道歉之前我将一直携带这两块砖头，走到哪儿拍到哪儿！"

类似这般的"行为艺术"比比皆是，不断有权威数据新鲜出炉，表明在这场大战中，360看似落败，却赢尽人心。

就在2010年10月25的时候，周鸿祎还公开说道，他的梦想是将360做成中国最具实力的互联网安全公司，而与腾讯之间的是是非非只是他实现梦想道路上的"一件小事"。3Q大战虽然闹得满城风雨，他的本意却并非是在针对腾讯，他只是看不惯互联网市场中的垄断现象而已。如果没有人出头去打破这个格局，对国内互联网事业的发展明显不利。

生意伙伴、好朋友王功权说起周鸿祎，一脸不理解的神色。那家伙哪里是商人，他是个几近疯狂的理想主义者。是的，如果不是"几近疯狂"，如果不是个彻头彻尾的理想主义者，周鸿祎还真的很难在这场大战中存活下来。而一旦他缓过劲来，便继续行走在这条追逐梦想的道路上，依旧是不惧"权贵"，时常发声，"任性"异常。

激战三年，原来都是赢家

就在大家快要淡忘3Q大战的时候，想不到奇虎360突然一纸诉状将腾讯告上了广东省高院。奇虎360对腾讯公司滥用市场支配地位行为提出反垄断诉讼。在360公司看来，腾讯公司在3Q大战期间滥用市场支配地位的行为比比皆是，且不断使用模仿、捆绑、交叉补贴等营销方式强行推广自家公司产品，早已违背相关法律。同时，360认为腾讯强迫用户"二选一"的行为违反了国家反垄断法，给360公司造成了极大的经济损失和名誉伤害，属于典型的限制交易行为，应向360公司公开道歉并给予一定的经济赔偿。

有权威人士说，这场轰轰烈烈的诉讼战是"中国互联网领域的反垄断第一案"。很多人对周鸿祎这一次抉择的评价是不理智，毕竟在外界看来，腾讯在法律诉讼中的那种天生的幸运实在让人颇为忌惮，周鸿祎却迎难而上，实在让人不理解。

在3Q激战正酣的时候，《南方周末》在采访周鸿祎的时候，曾提到过"诉诸法律"的问题，周鸿祎却愤世嫉俗地说："你觉得能告赢吗？腾讯有个霸王条款，其《用户使用条款》里说，不用通知用户可以终止服务，而且用户有不同意见只能去深圳起诉。"

就在那次采访的时候，周鸿祎坦言，3Q大战是商业竞争吗，实际上是赤裸裸的国内互联网领域"开放创新和封闭垄断的斗争。"

"创新"与"垄断"这两个概念一直在周鸿祎的脑中盘旋。他认为，腾讯形成的这种垄断，会很容易获得世俗意义上的成功，却难以让它成为一家伟大的、受人尊敬的公司。他前思后想，还是走上了法律的途径，希望能够攻破腾讯的垄断格局。他认为这不是私人恩怨，这是无数生活在垄断公司压力下的新兴创业者的悲怆呼声。他说："输赢我认为没有那么重要，重要的是一定要有人公开站出来对这个事说'不'。"

周鸿祎虽然脾气火爆，桀骜不驯，但那段时间内心还是有点忐忑，腾讯这样一个"封闭帝国"不会被轻易攻破。这一点，他内心明镜似的，否则他也不会一再说"谋事在人，成事在天"，就算没有预期，也得有人去做。所以，他还是毫不犹豫地抛出了反垄断宣言。

2012年4月18日，360与腾讯的诉讼战在广东省高级人民法院正式开庭，掀起一波波巨浪。不管是业界人士还是普通人，对这场诉讼的胜负都异常关心。国内数十家媒体聚集广东，在广东高院的许可下，360公司邀请了曾经的英国伦敦公平局局长、著名RBB（欧洲竞争法调查机构）顾问、英国学者大卫·斯塔利布拉斯；而腾讯公司则邀请了曾当选中国互联网十大"启蒙人物"、中国社会科学院信息化研究中心秘书长姜奇平坐镇。万分激烈的角逐战由此拉开了序幕，在纠缠了一年多时间后，2013年3月28日，广东省高院一审驳回了360的全部诉讼请求。随后，360公司提起上诉。这年的11月，这场垄断案的终审维持了一审判决结果。

这一次，360似乎又输了。然而事实表明，"民意"还是站在了它这一边。庭审期间，新浪微博曾针对此次360与腾讯的反垄断案，发起过一波影响较大的用户投票调查，超过八成的网友认为腾讯涉嫌垄断，对360的反垄断战表示支持。360方发表公开声明，对审判结果感到遗憾，但尊重法院判决。周鸿祎则心平气和地表示："实力不济，愿赌服输。"

很少能够见到这么温和的周鸿祎，而360官方的那番真诚之言几乎能够说出周鸿祎的心声："只有对互联网巨头在收购、合作、结盟方面的行为展开反垄断调查成为常态，对巨头公司滥用市场支配地位的竞争手段进行遏制成为惯例，公平竞争的市场环境才有可能形成，创新和活力才能够不断涌现，年轻创业者的中国梦才有可能实现。"

3Q大战缠斗近3年，在外界看来，有人是输了面子却没输里子，有人却赢了面子输了里子。然后在今天看来，不管是360公司还是腾讯公司，似乎都是赢家。

2015年12月，第二届世界互联网大会在浙江乌镇举行了盛大的开幕仪式。在"如何建构网络空间命运共同体"发布会上，周鸿祎和马化腾坐在一起，脸上俱是云淡风轻的表情。谈起3Q大战，周鸿祎表示，过去的那些口水仗不值一提，互联网行业间的竞争虽然不可避免，但切记不要过度竞争，尤其要抵制那些低水平的竞争。

3Q大战可谓是互联网领域波及用户范围最广、影响最大的一场战争。无论是360还是腾讯，在经历这场大战带来的阵痛之后，都开始对以往或者以后的路程进行了深刻的反思。这两年，不断有人发出"3Q大战里没有输家"这样的论调，而这也得到了当事人的认同。马化腾就曾说，3Q大战让腾讯打开了新的局面。他在内部信中写道："如果没有对手的发难我们可能不会有这么多的痛苦，不会有这么多的反思，未来某一天，当我们走上一个新的高度的时候，我们要感谢今天的对手给予我们的磨砺。"

根据马化腾的剖析，我们能够看到，3Q大战前腾讯几乎处于"温室"之中，由于内部"土地"较肥沃，开出怎样绚丽的花朵都不新奇，而3Q大战这个坎让很多人陆陆续续醒了过来，开始尝试着跳出舒适区，在越挫越勇的状态中不断去尝试新的领域。这时候，马化腾逐渐认清"温室里的花朵打不过野外上百家、上千家摸爬滚打的企业"。拿电商来说，本质是零售，摸清楚货源，与无数线下合作伙伴搞好关系，再去打造属于自己的独特品牌，这几乎是O2O领域必走的路。马化腾认识到了自身的不足，亦看到了合作的力量，他率领着旗下员工制定了新的发展战略，他希望腾讯变成"连接器"，积极"连接外部的服务"，这样才能形成一个庞大的、实力雄厚的、让用户信任的平台。

这样说来，3Q大战并不是一件坏事，反而促进了腾讯的开放。腾讯由此打破了以往封闭的帝国状态，开始去参与、去投资、去扶持，开始推出一个接一个的开放平台，比如说"QQ空间应用开放平台""微信公众号"等。要知道周鸿祎很久以前曾跟马化腾宣传过自己的理念，游说腾讯去投资360、迅雷或者其他互联网公司，甚至建议腾讯去创新，去尝试着转型成一个拥有强大实力的平台，而那时候马化腾却丝毫不感兴趣，只是用短信回复周鸿祎说："我认为这些公司没有价值。"

而经历过3Q大战的腾讯，却开始搭建一个良性健康的生态链系统，腾讯的公众好感度愈发爆棚的同时，整个"帝国"的发展亦走上了一个新的境界。

反观360，在这场大战中貌似是大败的一方，实际上却赢得了令人惊喜的成长。在周鸿祎的主导下，360的开放战略已经比较成熟。其实早在2011年上半年，360就曾进行了一系列尝试。那一年2月23日，360隆重推出团购开放平台，包括拉手网、美团网、糯米网、24券在内的200多家知名团购公司先后加入此平台，每日参加团购的商品总数超过2万款，覆盖了全国130多个城市。360这是在构建一个庞大的团购体系，努力与数百家合作方形成统一共赢的联系。除此之外，360还利用开放平台先后发布了一款安全桌面和一款网页游戏浏览器，市场反馈都很好。

可以说，是3Q大战坚定了周鸿祎一定要让360走上上市之路的决心。360不缺钱，但是若能争取在美国上市，未来就会拥有无限可能。周鸿祎时刻都有一种危机意识横亘在心头，所以他才会说："谁觉得安全就离失败不远了。"他曾感慨，国人都羡慕美国的强大，羡慕美国那些市值很高的公司，他却认为，这些都不重要。美国真正值得国人称赞的，是它每过十年就会出来一批Google、Facebook这样的互联网创业公司。在国内的竞争市场上，如果对这些创新公司没有基本的保护，类似美国这种真正的软实力我们就只能远远看着羡慕。

业内一致认为，周鸿祎的创业路上，打得最漂亮的一仗莫过于"3Q大战"，甚至有人说："周鸿祎可以跟资本市场讲，360是至今唯一能跟腾讯一战的公司。马化腾不仅没有输掉战争，3Q之争还成为其进军资本市场的跳板。"周鸿祎的目光一向看得很远，所以他永远斗志昂扬活力满满。他不想做一家通过垄断手段赚很多钱赢取很多市值的公司，他要做的是能够给中国的互联网带来巨大推动的伟大公司。这是他的梦想，也是他的力量源泉。

第五章

步履不停:"搅局者"的"狼性"人生

纽约街上的开门红

2011年3月30日,奇虎360公司在美国纽约证券交易所上市。作为当年在美国上市的第一家中国互联网企业,奇虎360的股票一路上涨,势头凶猛。其开盘价为14.5美元,到了发行的时候,这个价格飙到了27美元,足足高出了86%。截止到3月30日晚上10点25分,股票价格为29.9美元,最终这个数字突破了每股34美元,与发行价相比上涨134.48%。可以说,奇虎360这一天的表现很完美。

对于上市首日的出色表现,奇虎360公司董事长兼首席执行官周鸿祎在接受记者采访的时候表示:"通过此次赴美上市,奇虎360将有能力为其3亿中国互联网用户提供更多服务,从而让公司的更多潜力被挖掘出来,转变为真正的实力。"而那天早上,他在微博中写道:"在美国路演了两周,今早来到纽交所,看见360的标志还淡定,看到五星红旗在华尔街飘扬反而有些激动。"

这次上市让大股东周鸿祎的个人财富最终达到了7亿美元,超过100多位员工的身家就此超过3000万。到了首日收盘之时,其市值已经超过了搜狐、盛大和新东方,这引得国外媒体纷纷报道,称奇虎360的完美表现是中国大陆地区企业在美国最成功的IPO交易之一。

奇虎总裁齐向东亦是激动异常,他坦言,奇虎走过近5年的创业路,外界的质疑之声从未断过。不少人认为,360免费大旗迟早会倒下,奇虎迟早会败在激烈的竞争之中,可是360的上市给了那些人一记大大的耳光。360最终证明了自己的价值,这一天可谓是意义重大。

追溯奇虎360的故事,实际上早从周鸿祎出走雅虎之时便开始上演。等到周鸿祎疾呼"免费宣言"的时候,奇虎360的崛起之路真正开启。周鸿祎改变的不仅仅是一个企业,他影响的是整个互联网杀毒行业。那一阶段的杀毒行业被人视为互联网内的"夕阳产业",资深厂商常年身居高位,几乎垄断了整个市场的流量。周鸿祎一来,既有格局摇摇欲坠,杀毒行业如被注入了一股新鲜的血液,未来似乎变得清晰可见。

周鸿祎的"免费王牌"在很长一段时间里都饱受商业模式与道德的质疑,他却始终岿然不动。为此,他结下无数"冤家",打了无数场口水仗,付出了无数的成本,却由头至尾没有丝毫后悔。奇虎360的纽约上市开门红却将过往的一切都折算成丰厚的回报砸向周鸿祎,砸向每一位曾为360的辉煌今天付出过努力的"小伙伴"。所谓"五年磨一剑",周鸿祎对此自然是欣慰不已,但他也不敢有丝毫的松懈。毕竟,360的奋斗之旅才刚刚开始。

所以,周鸿祎才百般强调,他不会离开市场,上市不是终点,360今后还有一段艰辛漫长的路要走。为了保障公司未来增值服务和广告营收的增长,他会率领旗下伙伴奋勇向前,为打造安全上网的入口、建设庞大的开放平台而努力。

在奇虎360此轮IPO的过程中，曾获得了巴菲特和索罗斯的青睐。同为投资大师，巴菲特一直主张价值投资，而索罗斯在投资的时候带有明显的投机性，他们有着完全不同的两种风格，这时候却一致看中了奇虎360的未来潜力，不能不说是一种奇妙的默契。内部人士评判说，这起码能够证明无论是短期还是长期，投资者都很看好360。可以说，华尔街以空前的热情拥抱了奇虎360的到来。

根据艾瑞咨询（中国大数据时代下著名的互联网收视率及消费者服务公司）发布的数字，我们会被那一系列的数字吓到。截止到2011年1月，奇虎的用户覆盖率达到85.8%，月活跃用户几近3.5亿；中国排名第一和第二的互联网安全产品分别为360安全卫士和360杀毒，盘点其2011年1月的月活跃用户数，分别达到了3.01亿和2.48亿；360手机卫士是中国最值得百姓信赖的手机安全产品，同样以其2011年1月的活跃用户数为例，其市场份额已经达到了58.2%；360安全浏览器在2011年1月的月活跃用户数量为1.72亿，用户覆盖率达到44.1%；360安全网址导航在2011年1月的月活跃用户数为9800万。依据2011年初的一份专业统计数据显示，中国当下最受欢迎的十大客户端里，360旗下有四款产品分别占据第一、第四、第五、第七的位置，人气一直是居高不下；另外，奇虎360的网页游戏开放平台上有超过30款来自不同网页游戏应用商的游戏，深得游戏发烧友们的欢迎；奇虎360的团购开放平台每天更新的团购信息超过200多条，极大方便了人们的生活……

依据招股说明书，我们可以得知，2010年，奇虎360的总营收为5770万美元，比上一年增长了78.5%，而净利润则达到了850万美元。招股说明书亦说明了奇虎的业务模式为"Freemium"，即"Free"（免费）+"Premium"（增值服务）。用"免费"开路，获得庞大的用户量，再将流量变现，不断推出各种互联网增值类服务，是周鸿祎老早便定下的战略路径。360在纽约证券交易所的上市，掀起的是一股影响深远的巨浪，在上市前后，美国华尔街对奇虎360一直倾注着前所未有的关注度，国内外媒体及分析师对奇虎360的褒扬更是达到了顶点。而艾瑞总裁杨伟庆在接受采访的时候也中肯地评价道，360上市是这几年内仅次于淘宝的一次IPO，未来三到五年内都未必会有另外一家公司能有这种盛况。

依据招股书，我们还可以发现一些"蛛丝马迹"，奇虎360公司近段时间内一直在努力开发不同领域的开放平台，以便与网页游戏、电子商务网站、软件与应用等第三方合作伙伴们建立互惠互利、和谐共赢的关系。说白了，周鸿祎的确是想打造一个独属于360的生态系统，如果这一目标真的实现了，360能够达到的成就会远远超过今天。

纽约街上的开门红让360的声誉一度达到了顶峰。但业内人士表示，奇虎360的盈利模式并不算特别成熟，其将面临的挑战还有很多。周鸿祎自己也清楚，上市后的360面临的是机遇与风险并存的局面。2010年，谷歌退出中国，这让百度有了更大的发展契机，更激发了搜狗、搜搜、有道等新兴搜索引擎的兴起。而这对奇虎360来说，并不是一个好消息。毕竟在这之前，谷歌一度是360的最大客户。依靠着谷歌的巨大流量，360网址等产品才获得了不菲的收入，这种合作共赢的模式随着谷歌的退出失去了原有的优势，这让周鸿祎颇感惋惜，而由此造成的百度一家独大的境况则让他忧心忡忡。

不管怎样，360的上市使得周鸿祎离梦想又近了一步。互联网的发展日新月异，不是周鸿祎这样急脾气、高承受力、高执行力的人还真的很难保证不被甩下。周鸿祎一直想要告诉年轻人的是：不管未来遇到的是辉煌还是落魄，路始终都在脚下，不去走，你永远不会知道。

"第四巨头"的"狼性"人生

周鸿祎清清楚楚地说过:"我从来也不想去当第四巨头,我也没有说我要排在前面,这不是我追求的。"然而在业内,他一向是好勇斗胜的"第四巨头"的代表。在360的发展道路中,每一次突发纷乱,周鸿祎都身先士卒、冲锋陷阵,听不得一丁点的偏见,见不得一丁点的抹黑。他虽然脾气执拗从不轻易认输,却又经常承认,自己追求的不是名利,争的也从来不是第一的位置。

周鸿祎一路走来,可谓是树敌无数,凭着过人的胆识和不俗的战略眼光,他率领的奇虎360虽然屡陷风波屡受打击,却从未陷入四面楚歌、无可挽回的境地。360上市前后,围绕在身边的俱是"眈眈虎目",周鸿祎知道,在这种激烈的竞争下,360之后的路注定会很艰难。2010年,以腾讯、百度、金山为首的"反360联盟"余威仍在,三大巨头之一的阿里巴巴与360的关系不好不坏;同时,瑞星和金山对360展开了凌厉的反攻,尤其是瑞星,不惜损失上亿元的收入来主攻360的安全产品。360再强悍,面对这种攻势,长此以往下去,难免会力不从心。

所以,在2012年360上市一周年之际,周鸿祎发表了一场公开演讲。他的姿态全程都很低，说的话也都很实在。他说："很多人问我说上市后有什么变化？其实没有什么变化，我们公司的环境非常朴素，我也不愿意拿大家的钱去很高档的宾馆跟大家去开会，产品做得好自然会口碑流传，上市对我们来说压力很大，过去我们是小公司，上市后，很多人把我们当成大公司，我们的一举一动都会被放大，会受到特别的关注。"

上市后的这一年来，更多的人将目光投射到了360身上，其所面临的竞争也愈发白热化。360的发展势头纵使猛烈，也架不住竞争对手们前赴后继的挑战与倾轧。这种局势下，周鸿祎不敢有一丝的懈怠，他一面思索着360的具体发展战略，以便随时"拨乱反正"；一面马不停蹄地穿梭于公司管理层、基层员工、合作伙伴、投资者之间，努力协调着各方关系，让360始终处于一种良性的、积极的发展氛围中。努力了一年后，他带领着小伙伴终于交出了一份合格的答卷。这一年的经营业绩远远超出了上市之时的承诺。

2012年5月23日，奇虎360发布了截至3月31日的2012年第一季度未经审计财报。依据财报，奇虎360第一季度营收为6930万美元，相比去年同期的2290万美元，增长了202%，相比上一季度的6230万美元，增长超过11%，而归属于360的净利润为1410万美元。对此，周鸿祎表示："我们非常高兴地看到这个季度公司取得了如此好的业绩，不仅收入和净利比去年同期均取得了3位数的增长，而且一些主要的运营数据又再次创下新高。360产品的月度活跃用户数已达到4.11亿，旗下浏览器的市场渗透率达到6%。"

2013年3月6日，奇虎360发布了2012年第四季度的财报，整个公司的总营收为1.030亿美元，相较2011年同期的6230万美元增长65%。截至2012年12月底，360安全浏览器的用户渗透率高达65.6%，就整个12月而言，其月活跃访问用户达3.10亿人。奇虎360第四季度运营利润为1210万美元，运营利润率为11.8%。

依照奇虎360发布的2013年第二季度财报，我们可以看到，360公司2013年第二季度总营收达到了1.52亿美元，同比增长108%，几乎可以与奇虎360公司上市前一年2010年一整年的总收入匹敌；2013年，360公司的净利润3300万美元，同比增长372%，足足比2010年增长了两倍，其中广告营收为1.099亿美元。

360之所以能够连续取得这般耀眼的成绩，是因为它的发展策略极其适应社会及市场形势。周鸿祎对创新这个概念有着深刻的理解，他想要把握的是新兴市场潜力，比如说网页游戏市场，这也是新时代360发展的一个重点。其次，周鸿祎注重平台策略，奇虎360不断和互联网各领域厂商、企业建立友好紧密的合作关系，致力于打造一个庞大而又稳健的平台体系。无论是在技术创新、资产管理方面，还是在企业文化、人力资源、信息渠道等方面，奇虎360都有着无与伦比的优势，而周鸿祎作为一个优秀的领军人，他极其擅长资源整合及优化，在他的带领下，奇虎360将大力进行计划中的商业化扩展。

纵观周鸿祎的创业史，他的名字永远与中国互联网的重大事件联系在一起。他实现了让中国人用母语上网的承诺，打造了国内最早的搜索引擎；他从不惧与权威机构、实力雄厚的跨国公司翻脸，甚至高举免费大旗与国内多家互联网公司展开了"贴身肉搏";他以一己之力改变了国内互联网杀毒领域的旧格局……周鸿祎"仗剑江湖、横行无忌",从不在乎是褒扬还是贬损,"狼性"一词足以形容他的人生履历。

"我们在互联网领域也经过了很多战斗,我们最不怕的是打击。很多公司不是死在对手手里,而是死在自己手里,过于膨胀,觉得钱多了。我们是很有信心。将来颠覆360的,不是第二家抄袭它的软件,你在市场里三年就建立了口碑,后来的跟进者是很难颠覆,能颠覆传统互联网的是未来移动互联网,在未来,我相信PC产品会被未来互联网所颠覆。"周鸿祎曾说过的话仍萦绕在耳畔,事实证明了周鸿祎独到的眼光,如今的互联网创新产品层出不穷,整个的国内互联网事业正进入一个崭新的阶段。

而周鸿祎正是新时代互联网"淘金者"中的佼佼者,他一直保持着一种充满"野性"与"狼性"的创业精神。我们可以将这种"野性""狼性"稍做扁平化的处理,简单理解为攻击性,理解为那种不畏强权、勇往直前的创业精神,这一点让很多竞争对手胆战心惊。周鸿祎不是不懂"和气生财"的道理,只是那个陈腐老旧的时代已经过去,随着新时代的到来,他越发推崇创新精神。

正如周鸿祎自己所言,他不畏惧打击,越是猛烈的打击就越能收获到很多珍贵的经验。周鸿祎和奇虎360公司的管理层倡导的是一种精锐的创业文化,在这种文化氛围的熏陶下,员工不敢怠慢,时刻保持着一种竞技的状态。哪怕360已经成了一家上市企业,但没有人会拿它当作自我夸耀的资本，因此，企业的活力与竞争力始终处于最佳状态。

周鸿祎好几年前就曾预言，互联网产业的契机将集中在移动互联网服务上，而中国的智能手机用户量将会呈现出一个爆炸式增长的趋势。秉持着这样的信念，周鸿祎最终走上了进军智能手机的道路。他对豪车没兴趣，对富豪们热衷的诸多休闲活动也不感冒，在穿着上也不讲究，吃也只局限于工作餐，几乎将所有的精力都投注到了事业上。作为上市公司CEO，他事无巨细，甚至会亲自去抓具体业务，这一切都叫人刮目相看。说起智能手机，周鸿祎为了进军这个领域，还和以往的故交好友的关系产生了嫌隙，当然，这是后话。

当年360上市之后，周鸿祎因为过度劳累，还曾生过一场大病。他身体刚好一点，便又精神奕奕地处理起手头的事情来，恢复了以往雷厉风行的做派。他是互联网行业当之无愧的"劳模"，这种狼性、野性、血性让竞争对手都钦佩不已。360的未来还有很长的路要走，很多难关要度过，周鸿祎却从不惧怕。对于他来说，人生就是不停奋斗的历程。

"小3"大战之前传：人生初见

2015年的世界互联网大会乌镇峰会上，因为一张照片，雷军和周鸿祎被外界戏称为"最佳搭配"。12月17日，有网友在社交网络上上传了一张照片，背景是世界互联网大会乌镇峰会的现场，主角是"熟睡的周鸿祎"和"傲娇的雷军"，两人一个正仰着头无所顾忌地大睡特睡，另一个则神情傲娇，"怒视"着前者。这张照片一夜间火爆互联网，有人说，雷军与周鸿祎的关系好比教导主任和调皮捣蛋的小学生，也有人说，他俩像极了"相爱相杀"的一对怨偶……这样的恶搞瞬间让整个互联网界为之沸腾。

在18日的"互联网技术与标准"论坛"万物互联驱动产业变革"议题中，周鸿祎发表了一场很精彩的演讲。演讲一开始，周鸿祎就半分歉意、半分调侃地说道："一觉醒来，世界就变了。"这句话引起了一阵热烈的笑声和掌声。周鸿祎和雷军的这张照片成为2015乌镇互联网大会的经典片段之一。对此，周鸿祎自黑道："一觉醒来成了网红。"他也曾有点无奈地坦言："我没办法阻止雷军用那种眼神瞪我。"

周鸿祎与雷军渊源颇深，有着曲折深远的恩怨往事。同为互联网大佬的雷军,1969年出生于湖北仙桃,比周鸿祎要大一岁。他曾是金山软件公司的董事长,中国大陆著名的天使投资人,后来又积极创业,成为小米科技的创始人、董事长兼首席执行官。雷军毕业于武汉大学计算机系,与周鸿祎一样是技术出身。除此之外,两人有着太多相似的地方。比如说,周鸿祎和雷军的祖籍都是湖北;周鸿祎夫妻及雷军的爱人都曾在方正工作过;两人在年轻的时候都深受"硅谷热"的影响,一生热衷于创业;两人曾一先一后地做起了天使投资人,还投资过同一个互联网项目。

周鸿祎和雷军都属于"有公司没家"的人。周鸿祎忙于自己的事业,每周只有一天的时间陪家人,一双儿女因此对他不算亲近。他不了解儿子的兴趣爱好,小女儿更是不太愿意让他抱。周鸿祎是公认的强悍之人,好勇斗狠,勇往直前,但谈到一双儿女的时候口气软了下来,眼眶里竟有泪珠在打转,但始终没有掉落下来。与他差不多的是,雷军也是将全部的心思都扑到了工作上,很少有时间去陪伴两个女儿的成长。

若说两人有什么不一样的地方,大概在于性格,在于行事的作风。周鸿祎雷厉风行,火爆直爽,雷军冷静克制,绵里藏针。相对周鸿祎来说,雷军属于年少成名。1995年周鸿祎从西安交通大学研究生毕业后,去了北京的方正集团历练。那一时期的周鸿祎从普通程序员努力向"高级程序员"进阶,日子过得忙碌而充实。而那时候的雷军早已在金山公司总经理的位置上坐了一年,业内人对雷军啧啧称赞,周鸿祎对他也是一心仰慕。那一年,周鸿祎组了一个饭局,拜托一个朋友去邀请雷军，想不到对方欣然赴约，这让周鸿祎十分开心。这顿饭气氛融洽，周鸿祎和雷军可谓是一见如故，相谈甚欢。

两人成为朋友后，雷军一有空闲时间就开着金山创始人求伯君送给他的捷达车载着周鸿祎及其他朋友四处兜风，有时候会去滑冰，有时候会去北京大学看电影。周鸿祎和雷军两家关系也很好，有一段时间周鸿祎和妻子经常会拜访对方，有一次他还亲自下厨给大家做饭。那是一段十分美好的日子，周鸿祎到现在还是很怀念。但周鸿祎和雷军性格差别太大，家庭背景、人生阅历也各不相同，这些都成了两人关系中不可调和的因素。周鸿祎和雷军走的是同一条互联网创业之路，后来，他们不可避免地产生了很多矛盾，这使得"小3"之争一触即发。也许从一开始，两人这种性格中的差别便为之后的战争埋下了种子。

周鸿祎慢慢发现，雷军其实有点敏感，有点骄傲，有点难以接近。有一次他们在车里聊天，周鸿祎耿直地批评起了"盘古组件"，雷军当场便撂下脸来，拉下车窗，抽起烟来。原来"盘古组件"是雷军那时候一力主导的软件项目，做得却不太成功。周鸿祎直来直去，没想到戳到了雷军的痛点。他觉得很尴尬，又不知道如何缓解这种气氛。有时候，周鸿祎兴致满满地去跟雷军分享一个创意，雷军的态度却淡淡的，觉得他的主意不怎么样。有一次，雷军去周鸿祎家玩，周鸿祎当时正在一门心思做"飞扬"，于是便向雷军这位老大哥讨要建议，谁知雷军却说："你这是在马桶上绣花，绣得再漂亮，它还是一个马桶。"他那种不屑的表情和冷淡的语气让周鸿祎感到很不舒服。

1998年，周鸿祎离开方正公司，以搜索领域为起点，开启了自己的互联网创业之旅。他苦心奋斗，带领着小伙伴创办出3721，实现了让国人能用母语上网的梦想；而雷军扎根金山，兢兢业业，从总经理一路做到副总裁。两人的事业各自走上了正轨，工作变得越来越忙碌，之间的交集也慢慢变少。这之后，周鸿祎率领着3721投入到与百度的"血拼"中，而雷军则率领着金山对抗实力雄厚的微软，两人各有各忙，像以前一样见面谈心的机会也越来越少。

2003年底，周鸿祎忍痛将3721卖给雅虎，并加入雅虎中国。一年后，雷军也将于创办的卓越网以7500万美元的价格卖给了亚马逊。周鸿祎和雷军的创业轨迹并不相同，但在失去心爱的"战果"之时，那种矛盾、挣扎的心情是一样的。那时候，他们都曾互相请过对方喝酒。据两人共同的朋友回忆，周鸿祎酒量大，喝多后那话跟连珠炮似的，雷军酒量一般，但若多喝几杯，话也会跟着多起来。

2005年前后，是周鸿祎比较憋屈的一段日子。那时候他虽是雅虎中国名义上的执掌人，却无法放开手脚大干一场。眼睁睁瞧着老对手百度在搜索引擎领域混得风生水起，并成功登陆资本市场，周鸿祎越发心焦。之后因为种种原因，他头也不回地离开了雅虎中国，转型做起了天使投资人。2006年6月，在齐向东的邀请下，周鸿祎正式出山，成为奇虎董事长，随后以"一骑绝尘"的姿态挺进了互联网安全领域。就在周鸿祎迎来人生新阶段之时，故交雷军这边过得也很精彩。

2007年，雷军带领着金山部下，一路奋勇拼搏，直抵目的地香港联交所，终于成功将金山推上市。上市之后72天，雷军急流勇退，辞去金山副总裁职务，暂时回归到了"素人"的状态。之后，他和周鸿祎一样，醉心于天使投资，他们还曾共同投资于一家游戏语音公司。似乎从2008年开始，周鸿祎和雷军之间的关系变得有些微妙起来。那一时期的奇虎360高举免费大旗，几乎成了同领域竞争对手的"眼中钉，肉中刺"，包括瑞星、金山等在内的老牌安全厂商相继与360闹翻，并由此展开一场场激烈的攻击与保卫战。

雷军纵使淡出金山，他的名字却永远镌刻在金山的历史上。周鸿祎曾经剖析说："我和雷军之间的主要矛盾，是360做免费杀毒和金山之间的矛盾，如果没有这档子事，我觉得我俩其实没什么问题。他也跟我解释说，我把金山打得太厉害了，他作为金山的创始人不能坐视不管，必须要出手。"360与金山一系列的业务竞争使得周鸿祎和雷军的关系步步恶化，这为之后的"小3"大战埋下了伏笔。

在360的步步紧逼下，金山的市场份额逐渐缩水，到了极其危险的边缘。2010年7月，求伯君游说雷军出山。11月，金山安全公司宣布与可牛公司合并成立金山网络，并承诺金山毒霸将全面免费，金山与360的"攻心战"一触即发。之后，腾讯、百度、金山、可牛等组成"反360联盟"，"3Q"战火熊熊燃起，重掌金山的雷军不顾昔日交情，出手都是狠招，毫不留情，这让周鸿祎耿耿于怀。2011年，随着腾讯战略入股金山软件，雷军重回金山软件董事长之位。就在这个时候，周鸿祎和雷军的关系彻底陷入了冰点，"小3"大战也渐渐浮出了水面……

"小3"大战之升级：火力全开

金山与腾讯、百度等业内公司顺利结成盟友，猎豹也正式成军，加上雷军在天使投资界的多年布局，慢慢地，一支锋锐无比、实力雄厚的"雷家军"出现在人们眼前。2010年，雷军强势杀入智能手机行业，1年后，其二次创业项目小米手机正式亮相。与此同时，在周鸿祎的率领下，奇虎360驾着"安全卫士""杀毒""浏览器"这三驾马车稳健地向前跃去。

2011年，周鸿祎敏锐地意识到了互联网发展的下一个风口，他匀出很大一部分精力专攻移动互联网市场的开发，然而，终究还是迟了一步。

2011年下半年，周鸿祎带领团队特意拜访了华为、中兴等大型通信企业，这些都是国内数一数二的手机生产商。他此行的目的是说服这些手机制造商能够在自家手机出厂之时将360手机软件划归到系统内置软件的范围中去。但这些手机制造商提出的高到离谱的价格却让周鸿祎难以接受。周鸿祎不愿做"冤大头"，可是若不答应他们的要求，360软件在手机市场上的占有率恐怕要大打折扣，他陷入了两难的境地。

周鸿祎冥思苦想，终于找到了一个突破口。周鸿祎了解手机制造商的渴望，后者一般都希望能够拥有自己的电子商城，而流量却成了他们无法解决的一个大难题。周鸿祎想，如果能够提供流量，以360的流量去兑换360手机软件的内置，岂不是一举两得的事情吗？事实证明，他的方案十分可行，手机制造商无不对他的提议欣然应允。周鸿祎以一己之力促成了这些合作之后，他心里却升腾起了隐隐的危机感。

2011年8月，小米手机1举行了盛大的发布仪式，一个月后，该产品的预定销售在34小时内达到了30万台。两个月后，小米手机1的日发货量达到了1000台，根据全球手机品牌影响力报告，可以得知，小米手机的影响力在中国达到了第一，在全球排名第九。10个月后，截至2012年的6月12日，小米手机上半年含税销售额为60亿元，销量突破300万台。这些数据都叫周鸿祎胆战心惊，同时也暗暗下了决心，360必须加快脚步，开拓出新的战场，才不会被日新月异的互联网世界抛下。

360要做手机并不难，毕竟技术并不是360的短板，反而可以称得上是优势。周鸿祎先是收购了一家手机设计公司，先后从OPPP、金立等手机公司里挖掘了一些专业人才，很快便组建起了一支实力强劲的队伍。虽然看似"万事俱备，只欠东风"，周鸿祎还是采取了较为保守的战略路线。在他的大力主导下，360和华为频频接触，合作伙伴的关系似乎是顺理成章，铁板钉钉，周鸿祎梦想中的360手机呼之欲出。

2012年，360智能手机计划出现在人们眼前。雷军对此十分警觉，小米亦将2012年6月28日公开发布的"360特供机AK47"视为劲敌。而周鸿祎亦端起"AK47"，大胆宣言："前辈有小米，我们有步枪"，"小3"大战火力全开，不断升级，吸引了众多的目光。实际上，自雷军的小米手机打响了智能手机领域的第一炮后，百度、腾讯、阿里巴巴、盛大、网易等都蠢蠢欲动，不断有些企业想要涉足智能手机领域的消息传出。周鸿祎却是兵贵神速，一出手便是大招，这让雷军坐立难安。

2012年6月29日，一套奇怪的图片在互联网上传播开来，造成了极其恶劣的影响。这套图片利用火灾现场等血腥的视觉元素将矛头直指360手机，这种赤裸裸的抹黑让周鸿祎极其愤怒。他随即发了一条措辞比较犀利的微博，认为这是小米员工、"米粉"或者是水军的恶劣手段。雷军也用微博进行了回应，称："能不能不整这些无聊的东西，把精力放在产品上？或者帮小米做客服，实在不行，我俩对掐，都比这个有价值。"

这种略显油滑的回答让周鸿祎极度不爽，他甚至提出要与雷军见面约谈，连时间地点都定得很清楚。雷军却一口回绝，认为周鸿祎的微博"约谈"十分儿戏。两人在微博上的口水战越发升级，引来了"吃瓜群众"的围观。有人看热闹不嫌事大，极其期待这两位大佬的"对决"。周鸿祎还曾利用微博这个公开平台晾出了小米手机存在的种种质量问题。小米方不甘示弱，其公司副总裁黎万强也将"360特供机"从头到尾质疑了一遍。雷军之后也加入战团，和周鸿祎唇枪舌剑，大战了一场，两人从手机屏幕、生产工艺、零部件、CPU等技术问题一直吵到了对方的"人品问题"，战况愈演愈烈。

2012年，周鸿祎在出席国内手机行业聚会的时候，大胆地捅出了一个秘密。他说，每一部小米手机的利润至少在700元至800元之间，如果小米的年销售量真的达到了500万台，整体利润至少要超过25亿元。可谓是一石激起千层浪，周鸿祎的"爆料"让互联网圈又振动起来。这记大招打得小米公司措手不及，雷军只能出来迎战。2012年6月27日，雷军在微博上说了很多，辩解称小米是创业公司，采购成本远远高于周鸿祎的爆料。但这样的解释多少有点苍白，想当初小米正是打着"亲民、让利于民"的旗号才获得了一大票"米粉"的欢心，这下子直接被周鸿祎捅破，两家公司的关系愈发紧张了起来，"小3"大战也进入了白热化的状态。

"小3"大战来势凶猛，过程亦很艰险，对战双方谈不上谁赢谁输，但在很多人的眼里，360手机还未上市便已经能够与小米手机一较高下，实力不言而喻。很多人都对"360特供机"抱着很大的期望，尤其是周鸿祎自己。让他料想不到的是，突如其来的危机事件让"360特供机"的发展道路戛然而止，只落得一个黯淡的结局。

在周鸿祎与雷军你来我往地打了一番嘴仗之后，之前的合作伙伴华为却选择了终止合作关系，这使得360腹背受敌，不得不寻找其他硬件厂商的支援。360先后与阿尔卡特、夏新、海尔展开了合作，但"360特供机AK47"腾飞的良机却永远失去了。眼瞧着小米的知名度越来越高，"360特供机"却没有得到预期的发展，周鸿祎心里很不是滋味。

周鸿祎曾大方承认，自己的情商用"低"已经概括不了了。他敢怒又敢言，有什么事从不在心里憋着，总是想说就说，尤其看不惯一些不平之事。有人很欣赏他这种性格，也有很多人讨厌他不够圆滑，不会来事，觉得他爱出风头，总是口不择言。他一直说自己的情商为负，虽然在创业之路的后期，他极力收敛自己的脾气，尽量不在公开场合骂人，但他身上那股锋锐意气始终没有消失。

"所有的企业家都变成了高大全的完美人物，都变成了道德圣人或者精神导帅，我觉得也未必是好事。"他打心里这样想，也一直这样做。"360特供机"虽然没有一炮打响，但周鸿祎并没有放弃智能手机领域。他从来都是越挫越勇的人，失败反而赋予了他无限的斗志和勇气，而对成功的渴望则支撑着他不断努力前行。

"小3"大战之后记：握手言和

周鸿祎曾这样总结他与雷军之间的关系："严格来说，我俩不算是竞争对手，更谈不上是敌人，只是有时候因为一些小事有些情绪，是朋友，但是也谈不上很近的朋友。我俩相互还是有一些欣赏的，不然也不可能交往这么多年——雷军和我肯定都不会跟特别笨的人长期交往，确实也有很多交流，但是因为历史上他批评过我的东西，我也毫不留情地说过他，就有点较着劲儿，相互不太服气。"

说这段话的时候，周鸿祎脸上的表情有点复杂。在他看来，他和雷军都是骄傲的人，有时候产生一些意气之争在所难免。抛开这些不谈，周鸿祎始终认为，雷军是与自己处于同一高度的人，他们对互联网的所有看法都很一致。不止如此，周鸿祎还时不时琢磨着要向雷军学习。有段时间小米投资迅雷，小米网盘和金山网盘就此合并，周鸿祎认为这是一记妙招，也是雷军值得学习的地方。他原话是这样说的："既得到迅雷的资源，又挽救了金山快盘。在商业上，他想得比我们缜密。"

让周鸿祎耿耿于怀的还有他和雷军对待腾讯的不同态度。雷军的高情商就从这体现出来了。周鸿祎和雷军都认为腾讯是一个难缠的劲敌，不同的是，周鸿祎愣头青似的跟腾讯打起来了，雷军却比较注重策略。雷军的细腻和周鸿祎的火爆耿直在这里便一览无遗。腾讯凭着其强硬作风和"铁血手腕"曾经也落得一个"全民公敌"的称号，而"红衣大炮"周鸿祎及其带领的360无疑让腾讯忌惮不已。"3Q"大战前后，周鸿祎和腾讯的关系一落千丈，和金山的关系也越发紧张。凭着"敌人的敌人就是朋友"的这种敏锐嗅觉，腾讯与金山最终走到了一起，成为盟军，将枪口一致对准了360。

2011年7月7日，金山软件和腾讯公司联合发布声明，称腾讯公司将以8.92亿港元购买金山创始人求伯君及董事长张旋龙的15.68%的股权。那一天正是雷军回归金山的日子，在腾讯晋升为金山软件第一大股东的同时，雷军则成了第二大股东。周鸿祎后来摇着头说："3Q大战最大的受益者其实是金山，本来360的免费杀毒已经快把金山打死了，3Q之后，腾讯等于是出钱出力帮金山。从雷军的角度来说，我认为他的这些策略，还是比我高明许多，真的。"

经过这一系列的纷争，周鸿祎彻底冷静了下来，眼前的格局也渐渐明晰。他用"深挖洞、广积粮、缓称王"来形容雷军某段时间内的状态，以他周鸿祎对雷军的了解，后者的目标绝对不只是所谓的行业第四、第五，马化腾及其率领的腾讯才是雷军最为担心的对象。周鸿祎也认为唯一能够颠覆小米的只有腾讯，腾讯更不会容忍谁能够超过它。虽然雷军与马化腾结成了亲密的同盟关系，但商场上没有永远的敌人和朋友，一旦互相的利益有所交叉，原有的格局就将被打破。

有人拿周鸿祎和雷军做过对比，周鸿祎是互联网界当之无愧的

"红衣大炮""战争之王",冲劲极强,擅长做产品,个性坦率直爽;而雷军则擅长营销,技术也很拿手,还有着"IT劳模"的称号。他们都很崇拜乔布斯,又都有着坚韧的毅力和倔强的性格。二人的智能手机之战,可谓龙争虎斗,必然会死磕到底。眼看着"小3"大战火力升级,业内专业人士和普通人瞪圆了眼睛正翘首以盼的时候,这场战争竟偃旗息鼓,以和解而告终。

周鸿祎在细思一番之后,最终认定,小米并不是360最大的威胁,和雷军死磕到底不是一个理智的决策。况且,"小3"之争的最初的源头在周鸿祎看来属于"擦枪走火",而不是外人口中的炒作。周鸿祎解释说:"当时我宣布要跟华为做360特供机,小米也刚起步,他们的人就比较紧张,在微博上对我出言不逊。我的个性又属于做事极感性——这事要不骂就算了,真骂起来我又很投入,确实大家打急了,有些话就说得比较狠,再加上我对雷军比较了解,实话说,我也能骂到点上,肯定把他骂得很难受。"

2013年1月30日,一张照片激起了互联网界的又一次振动。照片的主角是周鸿祎和雷军,两人一改半年前水火不容的状态,反而其乐融融、相谈甚欢,气氛一派"琴瑟和鸣"。众多网友兴致勃勃,纷纷搞笑地称"我又相信爱情了"。有人说,这一对"冤家"其实私底下的关系一直很好,两人不过联合起来给网友上了一堂活灵活现的营销课;有人说,别看两人现在正"以茶会友""握手言和",但"小3"之间的较量是不会停止的;也有人说,这一次他们是真的看开了,否则怎么会积极以行动去诠释"以和为贵"的真谛。

对此，周鸿祎和雷军都觉得网友的"脑洞"太大，他们都解释这不过是一次难得的"偶遇"。不管怎样，他们互相提起对方的时候，口气都缓和了下来。周鸿祎更是主动说，他和雷军一直是很好的朋友，并轻松地说："我与雷总虽然在一些事情上有不同观点，但我一直很佩服他的创业精神。我参加央视财经春晚邂逅雷总，闲聊个十几分钟，竟然有人还演绎出喝茶的事儿，还编出各种谈话版本，这想象力也太丰富了吧？难道老死不相往来才正常？有人太小看雷总和我的肚量了。"

互联网圈内的竞争从未停止，只是走入了一个"合纵连横"的新时代。不管是周鸿祎的360，还是雷军的小米都顺应着这股潮流做出了妥协。正如某位记者所说，2013年刚开年，百度在收购投资"雷系"金山网络的同时，联合阿里巴巴收购新浪微博，并投资UCweb，这一系列大动作表明"互联网式"恩仇记已突破了以往的口水战、混合大战的模式，正向着合作共赢的态势积极发展。

握手言和之后，周鸿祎与雷军很长一段时间里都再无正面交锋的记录。2013年，在央视"2013中国经济年度人物评选"上，雷军和格力董事长兼总裁董明珠打了一个10亿元的赌，吸引了众多的眼球。那两年"十亿赌约"火爆互联网，不断有人谈起这个热门话题。雷军的小米越来越吸睛，周鸿祎这边也没闲着。2015年，360再次涉足手机行业。有人说，周鸿祎这是"好了伤疤忘了疼"。周鸿祎理解这种说辞，他明白"360特供机"的功败垂成给大家留下的印象实在太深刻。但他从来不是个畏惧失败、畏惧非议的人。从2014年开始，他就在秘密谋划"AK47"的归来。

2014年12月，360宣布出资4亿美元认购酷派（1993年创立的手机品牌）附属公司Coolpad E-Commerce 45%的股份，360在极短的时间内完成了与酷派团队的资源整合。周鸿祎与手机厂商频繁沟通，酝酿许久后，终于开启了"AK47"的二次革命。2014年年底，360派出的精英硬件团队充当起先锋的角色，决绝南下，直奔深圳，与原酷派团队开始了360 OS和奇酷手机的研发。同时，周鸿祎坐镇北京，不断"招兵买马"，大手笔投入资金，为深圳那边的研发团队提供了坚实的后盾。

2015年5月6日，在360手机品牌发布会上，360与酷派推出了崭新的手机品牌"奇酷"。2015年8月27日，奇酷360在北京798举行了隆重的发布会，而奇酷手机则正式出现在人们面前。周鸿祎亲自上台，为在场的媒体和观众详细介绍了奇酷手机青春版、旗舰版、尊享版这三个首发版本在竞争力上的优势。站在产品的角度上，奇酷手机青春版、旗舰版、尊享版各有其市场定位，尤其是旗舰版，从技术上来说几乎无敌。但周鸿祎心里清楚，做出手机只是第一步，将其卖出去才算是真正的成功。市场很快便给出了答案。

2015年10月13日，360奇酷手机继青春版大卖之后，又创下了一个奇迹，8秒之内，奇酷手机旗舰版全网通版35000台现货被抢购一空，这让周鸿祎异常开心。就在同一天，周鸿祎当着很多人的面坦诚："我这次做手机有点用力过猛，花太多的时间，在这个手机上倾注了很多的心血。"恰如其分的努力一定会带来回报，奇酷手机的第一炮算是成功打响，只是如何突破华为、小米的重重包围圈，顺利走下去却是个难题。

然而，因为后继乏力，奇酷这个品牌在之后的发展路程中却被逐渐淡化。在2016年的首场360手机奇酷旗舰极客版发布会上，奇酷正式"退居二线"，周鸿祎在接受采访的时候说，准备将手机品牌统一为360手机。在不少人看来，这是周鸿祎的一次强有力的"纠错"实践。很多人觉得，周鸿祎之前放弃360这个金字招牌，转而推出"奇酷"这个陌生品牌是一个不小的失误。毕竟崭新品牌要被用户彻底接受大多需要历经一个漫长的过程。这一过程中，不可避免地要付出大量的时间、金钱等成本。奇酷品牌如果不能在短时间内成熟起来，势必要被"下架"。

虽然周鸿祎在智能手机领域的"二次革命"目前来说还没有取得预想中的成绩，但他并不为此焦急。正如他在2017年的一次公开活动中所说："今天大家都羡慕oppo、vivo特牛，但是当年他们做步步高手机时谁关注他们？他们在四五线城市靠线下推广产品，也是熬才熬到今天。华为也是早些年从小灵通时代开始做手机，做到现在20多年了，也就这几年才爆发。"周鸿祎虽然脾气火爆却是个耐力极强的人，所谓任重道远。

第六章

未来野心：创业这件九死一生的事情

所谓大佬，都是苦过来的

2014年，国内最大的互联网安全公司360大动作频频，一度成为整个互联网的焦点。3月，先是抢在了小米前头发布了一款针对Android设备，有着一键闪拍、一键手电筒、一件录音、一键加速等功能，能够插在耳机孔上的智能安检设备——360智键，迅速引爆了市场，并创下了不俗的销售业绩。4月3日是360智键首轮发售的日子，8分钟之内，10万枚智键宣布售罄。4月18日，10万枚智键在5分钟之内宣告售罄。到了4月25日，只用了4分钟，10万枚智键便被抢购一空。

12月，奇虎360以4亿美元入股酷派，酝酿推出互联网手机新品牌。随后，360又与光线传媒强强联手，共同成立一家新公司，高调进军互联网视频领域。周鸿祎这是瞄上了内容产业，希望借助强有力的合作伙伴来发展新的际遇。在触宝电话、微信电话本、易信等相继推出免费电话APP之后，360不甘示弱，以强势姿态杀入免费通话市场。360很快便推出了自家的免费电话应用，并全面向广大用户开放下载体验。为了吸引更多用户的关注，360更承诺向体验用户赠送99999分钟的免费时长。360的这一连串的大动作让互联网圈内圈外的人士都震惊不已，惊喜连连。

360在频繁展开外部合作的同时，还匀出一部分精力聚焦在了内部的搜索业务上。12月以来，360搜索官方每天都在发布同一张"倒计时"海报，海报的主角是一个色彩绚丽的、类似放大镜的图形，它似乎在宣告360的下一个大动作。实际上，360搜索历经辛苦跋涉的两年时光，其市场份额曾一度突破30%，成为国内除百度外最受欢迎的第二大搜索引擎。依据2014年360第四季度业绩及全年财报，我们可以看到，360公司的业绩一直保持着持续增长的趋势。2014年，360的搜索业务和移动市场中的应用商店业务的增长速度尤其亮眼，这使得360的2014年年度业绩远远超出预期，全年收入达到了13.9亿美元，而净利润则高达2.23亿美元，分别同比增长107.2%和123.5%。

截至2014年12月，360公司PC端的月活跃用户达到了令人咋舌的5.09亿，而360智能手机用户总数高达7.44亿。周鸿祎在微博上说，他和奇虎旗下所有的小伙伴都对2014年取得的成绩满意而高兴。同时，"360在PC安全、PC浏览器、手机安全和手机应用商店等核心产品领域持续保持着领先优势的同时，还在新的领域，尤其是无线互联网相关领域新产品开拓上做了很多探索。"

2014年是辛苦奋斗的一年，亦是收获满满的一年。周鸿祎"摸爬滚打"，离着最初的梦想似乎越来越近。他深刻认识到，在互联网江湖中冲锋陷阵的人将永远面临竞争，亦永远面临机遇；他们没有永远的朋友，也没有永远的敌人。如果一定要设置一个必须去打败、去征服的标杆，那一定是自己。周鸿祎最终成为外界口中的"第四巨头""战争之王"，可是他内心十分清楚，创业是多么艰难的一件事情，而所谓的大佬，都是苦过来的。

周鸿祎虽然已成为互联网业内最受瞩目的几位"巨头"之一，但与其他"巨头"相比，他并没有那么多优越的条件。他出身于普通家庭，上大学之前，父母建议他去报考食品工程专业，只盼望着他今后能够衣食无忧。他没有留学经验，眼界一定程度上受到了周围环境的局限。在早期，他的人脉资源也很难打开。可以说，周鸿祎的先天条件并不十分优越。但他之所以能够成功，便是靠着一路披荆斩棘的勇气和信念，咬着牙拼到了今天，才取得了大多数人梦寐以求的成功。

根据自身的经验，周鸿祎总是感慨地对年轻人说，没有人生来便可以随随便便成功。反过来说，每一个普通人身体里都隐藏着一股力量、一种潜能，每一个普通人都可能创办一家成功的公司。周鸿祎年少时也曾度过一些散漫的日子，但走过迷茫期后，他立下了创业的梦想，他便变得坚定而努力起来，异常珍惜每一个来之不易的学习机会。整个本科时代，他都兢兢业业，忙忙碌碌，过得充实无比，这为他之后的创业之路打下了坚实的基础。

研究生毕业后，他进入了方正集团，一点一滴地积攒软件研发、市场调度方面的能力和经验，等到时机成熟后，他毅然离开方正，开启了自己坎坷而又辉煌的创业历程。这一路上，他经历无数"战火硝烟"，性格越来越坚毅、强势，结下的敌人也越来越多。有人说，周鸿祎的命运远没有马云好，马云一路上碰到的对手几乎都是"软柿子"，而周鸿祎这一路的对手大多是"硬骨头"，他只能一路奋战，一路高歌，一路"咆哮"，一路坚持，终于修炼成了著名的"红衣教主"，一跃成为人们眼中的"搅局者"角色。

创业是一件九死一生的事情，想要成就一段辉煌的事业，创业者究竟应该怎样去做？面对这个问题，周鸿祎只给出了两个字——坚持。坚持，是一个简单而朴素的概念，是一个老生常谈的概念。人人都明白那些道理，却很少有人能够成功到达终点。在周鸿祎看来，创业者首先需要确定方向，然后沿着一条路径，不停奔跑下去。无论遇到什么，是艰难坎坷，还是高山荆棘，都不要停下。一旦你坚持奔跑下去，才会知道，这是最难的事情。

所以周鸿祎才会说："你每看到一个成功的公司，在它荣耀的前面，背后一定躺了100家不成功的公司。而且这些不成功公司的创始人，也和你一样的勤奋，和你一样的聪明，和你一样的刻苦。"聪明、勤奋和刻苦是最基本的条件，在此基础上，你确立梦想，再坚持走下去，才能迎来"守得云开见月明"的一天。在那之前，哪怕你经受了一次又一次的失败、打击，只要你心中还存有一丝丝对成功的渴望，首先要做的事情就是爬起来，坚持。按照周鸿祎的原话，成功就是不断坚持做，避开一个一个的陷阱，避开一个一个的暗礁。

2015年3月29日，央视著名节目《对话》的播出引起了人们莫大的兴趣。那期节目请的是中国年轻人的创业导师、360公司董事长周鸿祎及Paypal创始人之一、Facebook主要投资人彼得·蒂尔，以及真格基金创始合伙人徐小平等。在谈话的过程中，彼得·蒂尔向中国的创业者提出了一个建议，那就是在创业初期，CEO最好不要拿超过15万的年薪。对此，周鸿祎很是赞同。

面对主持人的疑问，周鸿祎解释说："创始人如果给自己开很高的薪水，投资人会感觉他没有真正创业的勇气。他之所以拿最多的股份，之所以是创始人，他要承担风险，如果是拿很高的薪水，就不是在承担风险。"随后，主持人饶有兴趣地抛出了一个问题："你在自己的初创企业中，曾经给自己开过的薪水是……"周鸿祎淡淡地回道："我很长时间没有拿薪水。"这句话背后的艰辛只有他自己知道，只有当初和他一起闯过初创难关的妻子及小伙伴们知道，而正是这段经历，成了他整个创业生涯中最独特、最充实的部分，永远在回忆里熠熠生辉，让他回味无穷。

致年轻人：不要一毕业就创业

2015年，周鸿祎在参加中央电视台《开讲啦》节目的时候，一登上讲台，便做了一个简单的自我介绍："我叫周鸿祎，公司大家可能也知道叫360。"

之后无任何寒暄，周鸿祎直来直去地亮明了主题，他说："刚毕业的学生，或者在校的大学生，是不是应该创业呢？其实这是一个很敏感的话题，因为现在很多人都在号召，大学生就是要创业。我觉得，如果我们把创业狭义地定义成——创业就等于自己开公司，自己当CEO（首席执行官），女朋友当CFO（首席财务官），睡在我上铺的兄弟，技术好一点给我当CTO（首席技术官），我们全宿舍都是CXO（高级管理人员），如果这样去理解创业，那我觉得大学生真的不适合一毕业就创业。"

大学期间，周鸿祎也曾鼓捣着要去创业，结果因为经验不足抑或其他条件的限制，通通宣告失败。那时候，他心态还比较稚嫩，觉得痛苦而又迷茫。后来才慢慢明白一件事情：在巨大的市场面前，年轻的他相当于一张白纸，要学的东西太多了，哪怕这一阶段的他真的创业成功，以后也不免会栽大跟头。想通了这个道理，周鸿祎才按捺下满心的躁动，去了当时著名的方正集团，老老实实地去学习、去积累、去实践，为之后的创业奠定基础。

周鸿祎当年之所以选择方正集团，是因为在那个时候的他看来，方正是一个绝好的学习平台。如今，他却建议大学生不要只想着去找个铁饭碗，也不要一味盯着稳定的国企，或者薪资待遇丰厚的外企。他说，如果大学生真的一心想要创业的话，就不要去那些有保障的地方，那只会局限你的一辈子。想要获得脱胎换骨的成长，学习到真正有价值的知识，不妨去那些实打实的创业公司，感受那种创业文化的拼搏精神，和企业一起成长。

在如今的年轻人眼里，创业公司大多和风险挂钩。他们担心辛辛苦苦地付出了青春，最后却只能落得"竹篮打水一场空"的结局。周鸿祎却锐利地提出，年轻人无非是担心付出的努力没有获得相应的物质回报。可是相比你获得的经验而言，那一丁点的"蝇头小利"真的不值一提。"如果你真有幸目睹了，一个公司怎么从存活的第一年，从有一个产品到最后衰败，你大概下次在自己创业的时候，可以避开很多这种险滩和暗礁。所以你获得的最宝贵的财富，其实是经验。"说这段话的时候，周鸿祎脸上的表情无比真诚。他这是在为年轻人指点迷津，称得上掏心掏肺。

周鸿祎坦言，自己正是这样一路坚持走过来的。直到今天，他还保持着一颗创业者的心。这种创业精神让他永远满怀激情，昂扬向上，奋斗不停。2015年，一个重磅消息炸翻了整个互联网圈。奇虎360一直宣称要将"红海变血海"，忙着智能手机市场的布局，就在这个紧要关头，360官方却宣布将从纳斯达克私有化退市。针对360退市的主要原因，周鸿祎言简意赅地回答道："360目前80亿美元的市值，并未充分体现360的公司价值。"

人们犹记得几年前奇虎360在纽交所上市之时创下的辉煌成绩，如今，360却在董事长兼CEO周鸿祎、中信证券或其附属公司、华兴资本或其附属公司、红杉资本等的私有化要约下，欲从纳斯达克私有化退市，这叫大部分人都跌破了眼镜。有人分析说，近年来，安全软件和相关产品逐渐退出美国市场的主流位置，而对于像360这种目标用户和主要市场都处于国内的中概股来说，越来越难以得到国外投资者的理解和认可，从纽交所退市回到国内上市变成了唯一靠谱的选择。

同时，奇虎360的私有化对智能手机等业务领域的发展也很有利。奇虎360紧抓传统业务和新兴业务，一边成立企业安全集团，一边杀入智能机市场，可谓是双管齐下。周鸿祎曾在内部信中这样写道："360的私有化不仅是资本操作，更是360进入新的发展阶段的重要助力。"他是一个不断创新的人，永远不会固守着那"一亩三分地"去拥抱表面上的丰厚利益，而放弃挖掘更多的市场潜力。

互联网发展日新月异，所谓"时易世变"，周鸿祎永远能够根据市场的变化去积极汲取新鲜的创新理念，以高瞻远瞩的战略眼光不断调整前行的方向，力求一切都处于正轨之上。他不会做故步自封的蠢事。如今，对360来说，国内资本市场才是现阶段的重中之重。所以周鸿祎说："私有化是我们在反复考虑当前全球及中国资本市场环境后的审慎决定。"而博客中国（blogchina.com）创始人方兴东则认为，回归后的360一旦在国内成功上市，创造的市值将是目前的3至5倍，这意味着360能够创下的市值将达到恐怖的200亿美元。

周鸿祎在任何时刻都保持着清醒的头脑，及一颗创业者的赤子之心。这是他身上最显著的特点。他用自己的亲身经历、一路走来积累下的宝贵经验告诫年轻人，不要一毕业就创业。他说，创业的一个主流心态应该是"不断地学习创业"。年轻人心中既然拥有创业梦想，就要努力去承担创业过程中的苦与痛，努力创造价值，努力去改变世界，而不要轻易为了五斗米折腰。

他说，自己当年上大学的时候，就梦想着去创办属于自己的电脑公司。可是后来他才明白，说一些"雄壮激情"的大话、空话是没用的，想要实现自己的梦想，他首先要学会电脑编程。因此，创业首要的事情是学习积累，做好长线发展规划，最好不要在乎眼前的那点物质回报。其次，年轻人在创业的时候要始终保持着一颗诚心和那种百折不挠的创业精神，遇到挫折的时候不要轻易气馁，而要去静心分析失败的原因，自己还有哪些缺点和不足，认清这些后再重新上路，坚持拼搏下去；初尝成功滋味的时候，也不要得意忘形，而要始终保持警惕，这样才能在这个竞争激烈的市场中保有一席之地。

年轻人永远不要故步自封，要积极拥抱变化，需要做好随时调整、灵活变化的准备。在周鸿祎看来，创业是不断试错的过程，不能接受变化的人就不要去创业，因为他本来就不适合。只有拥抱变化，才能拥抱越来越丰富、深厚的自己，离最初的梦想才会越来越近。

成功难以复制

2016年，奇虎360迎来了自己的十岁生日，而掌门人周鸿祎为大伙准备的"生日礼物"是一份独具慧眼的私有化要约。当年，周鸿祎率领下的奇虎360立志要颠覆中国互联网界三大巨头BAT，如今，它即将创下中概股私有化规模之最。360的私有化交易高达百亿美元，可谓是空前绝后。而360私有化财团里，包括董事长周鸿祎和总裁齐向东在内，一共有38人。这一年，奇虎360的私有化进程逐渐加快，这引起了众多"土豪"对于360私有化额度的争抢，"战况"一度很激烈。

在2015年年底的中国企业家年会上，周鸿祎透露说，有不少人托关系向360寻求私有化份额，但这个额度其实很早就分完了。华泰联合证券是奇虎360私有化项目的主承销商，前者的一份资料揭示了360私有化的每一步进程：2015年底，360展开了私有化资金的确定；2016年3月，资金全部到位，并彻底完成360在纳斯达克的私有化下市；同一时期，360将准备红筹架构拆回境内，并准备借壳A股上市。在2016年12月底360将通过A股的审批，在2017年的3月完成所有的股权交割交易。而这份资料显示的360私有化路线图规划虽然与现实有出入，但360最终实现了退市的计划。

我们可以来捋一捋360私有化时间表。2015年6月，360接到初步非约束性的私有化要约；2015年12月中旬，360完成私有化的最终协议；2016年1月，招商银行及另两家股份制商业银行为360的私有化交易一共提供了34亿美元的债务融资；2016年3月31日的股东大会中，360私有化最终通过，只要解决换汇问题，其私有化将会成为现实；2016年6月，换汇问题得到解决；2016年6月8日，周鸿祎带领着360数十位股东完成了股份抵押，招商银行深圳分行开始放贷。2016年7月18日，360正式从纽交所摘牌；2017年3月21日，360完成股份制改造，注册资金增至20亿，而大股东则由"天津奇思科技有限公司"变更为"三六零科技股份有限公司"。

360的"惊天巨变"彰显的是其对未来的野心，而掌门人周鸿祎的想法是，未来360的大方向将永远是"安全"，守住一个安全公司的本质最重要，不过其定义将从企业、国家安全和布局万物互联这两个方面出发，被增扩、重写。想要管理360这样一家业务繁多、日益庞大的企业，单靠CEO的单打独斗是很难的。新时期里，"孤狼易死，群狼可活"的法则变得深入人心。周鸿祎正在考虑怎样将360旗下部分业务分拆，另找信任伙伴接手运作。周鸿祎的野心不止如此，在他的设想中，未来的360将由一个又一个集团组成、串起，集团之下创新公司将层出不穷，一个商业帝国传奇便由此生成。

在周鸿祎的掌舵下，奇虎360将永远是一家安全公司，也永远是一家创业公司。周鸿祎保持着创业者的心态乘风破浪，去开创未来，这也是他本人、他率领的公司永远呈现出一种勇于拼搏、昂扬向上的劲头的原因。在周鸿祎自己看来，他正一步步地向那个庞大的梦想接近。周鸿祎想要告诉广大创业者的另一个朴素的创业道理是：不要妄图去复制所有"前辈大佬"的成功之路，因为成功很难去复制。无论你是将马云看作创业偶像，还是将周鸿祎看成创业导师，都不要脑袋一热，幻想循着这些人的奋斗轨迹去重走他们的创业之路，这样你很难成功。

周鸿祎曾真诚地说，他1995年研究生毕业来到北京，和无数普通人一样是平民百姓出身。没有一个强有力的家庭背景，也没有任何可以借助的力量，纯粹是靠自己的双手打拼。"我自己在当老板之前，给国际化公司打过工，也给本土企业打过工。我说的话是根据我个人的价值观、个人的经历总结而成的。行业里大家称我'红衣大炮'，不是我经常忽悠，而是因为我说真话。我只说真话，我的话大家可能不爱听，因为它太犀利了，但是它一定是真实的。因为每个人的人生阅历不一样，每个人的背景不一样，我的话不一定适合你，只是供你参考。"

他自认扮演不了心灵导师的角色，也不会到处兜售成功学。说这番话的时候，周鸿祎总是强调，自己话糙理不糙，且没有嘲笑任何人的意思。"今天你即使把李彦宏拽出来，你说再给他1000万美元，让他再做个百度。你把马化腾揪出来说，你给他一个亿人民币，让他再做一个腾讯，你觉得他们真的能再做起来吗？不一定，所有的成功都是天时地利人和，是在适当的时候做了适当的事情。"周鸿祎甚至坦言说，他认为自己是中国互联网行业中的一个巨大的失败者，当年3721无论从流量、收入还是用户的覆盖率来说，都远远超过百度。可是那时候的他一叶障目，一心只想和百度竞争，忽略用户体验不说，还做了错误的决策，直接导致了3721的未来被葬送。这个教训足够深刻，足够让他铭记一生。

后来他做天使投资，初期的时候，甚至有50%的投资都是"猪油蒙了心"，几千万的投资基金就此打了水漂。"我要跟大家讲一讲什么样的投资会不成功，什么样的决策会不成功。因为我觉得成功方面确实没有太多可以借鉴的东西，但是真正能分享的是我摔过很多跟头。"成功不可复制，但失败的经验可以共享。周鸿祎笑着说："可能很多投资人在创业者面前都是一副成功者的形象，他要维持一个骄傲的形象，你知道越来越多的成功者在成功之后会粉饰自己的历史。"这些年来，很多创业者还没做出点成绩，大话空话倒是说了一箩筐。周鸿祎对此十分反感。

他认为，做产品的就该踏踏实实、低调地去做产品，别在产品还没经过市场验证之时，就"宣布要革谁的命"。没有人会尊重这样的创业者。对此，他总结了一句颇为经典的话："我们应该'悄悄地进村'，枪声都不要，然后等到巨头们发现的时候，我们公司几乎已经市值上亿了，BAT想消灭我们已经来不及了。"

作为前辈，周鸿祎对现今创业圈子里的很多风气都很看不惯。他讨厌那些所谓的成功者把自己包装出一副光鲜亮丽的形象，向创业"小白"们兜售着成功经验。所以他自认是互联网界最大的失败者，说自己能够传输的只有失败的经验，因为成功难以复制，而失败经验却能够让人醍醐灌顶。他讨厌那些创业者永远学不会用产品说话，反而只会说一些空话大话去忽悠人。所以他才建议创业者们要"悄悄地进村"，这样才能够抢占先机，一鸣惊人。

战术的勤奋掩饰不了战略的懒惰

周鸿祎经常说，创业者的孤独都是逼出来的。一旦走上了创业这条路，就一定会饱尝失败的滋味，毕竟没有一帆风顺的人生。然而，让很多创业者愤愤不平的是，为什么自己如此努力，如此艰辛，依旧无法成功。他们的那种心急是每一个"大佬"在创业初期时的常态，但这些"大佬"之所以成为"大佬"，就是因为他们正视了这种心态，然后从中找到了救赎的道路。周鸿祎的"最佳拍档"雷军曾说过一句著名的话，叫人印象深刻。他说，若真想努力，就不要用战术的勤奋掩饰战略的懒惰。

理查德·鲁梅尔特被麦肯锡公司形容为"战略中的战略家"。他在著作《好战略，坏战略》中曾揭示了"战略"的真正含义："所谓战略，其真正含义是为了应对重大挑战而做出的连贯性反应。"好战略能够将制胜的关键性因素联合在一起，甚至能够改变整个博弈的格局，它尤其难得，所以人们才会习惯性地用战术的勤奋去掩盖战略的懒惰。

周鸿祎从不讳言自己当初在经营3721时的失误。主观上，他并没有想用勤奋战术来掩饰懒惰战略，那时候的他，压根就没有意识到好战略的重要性。很多人在谈起当初3721的大好局面的时候，都会啧啧叹息。这匹黑马的奋进之姿深深印刻在了很多过来人的脑海中，令他们无法忘怀，更不要说周鸿祎了。3721永远是他心中的痛，这个教训几乎将伴随他的一生，每每在他埋头苦干、忽略了整个市场大局的时候跳出来，警醒他不要让当初的悲剧重演。像周鸿祎这样身经百战之人，在年轻的时候也曾有过过度注重战术却将战略抛到一边的失误，这对广大创业者来说，相当于一个警示。周鸿祎经常告诫年轻后辈，他曾走过的弯路大家要学会避开，不要轻易落入陷阱。

周鸿祎在经过3721的教训后，对所谓的战术和战略有了更清晰的认识。一方面，他明白了战略的重要性，正如理查德·鲁梅尔特所说，好战略譬如杠杆，能够无限放大个体和集体力量；另一方面，他对具体战术上的细节、对执行力的要求却更高了。当年执掌雅虎中国的时候，周鸿祎关注的不仅仅是整个宏观战略布局，同时，他对原雅虎中国团队及原3721团队的交汇融合充满焦虑，亦对前者团队中那种散漫氛围、不够"快、准、狠"的执行力深感不满。那时候，他想履行的是自己执掌人的职责和对雅虎总部的承诺，将战略战术两手抓，这才使得2004年变成了"雅虎中国年"。正是从这时候开始，他对大局战略与具体的战术之间的协调调度更为熟悉，掌控力也逐渐增强。

当然，成功永远不会一蹴而就。在之后的创业路程中，周鸿祎对于战略和战术的规划、应用虽然越来越得心应手，但这并不代表他之后永远没有犯过此类错误。正是在这一次又一次的跟头中，他最终摸索出了关于宏观战略的几点规律，这些规律对后辈创业者来说，意义重大。

首先，空话永远成为不了战略。他曾说："在公司内部，我比较反对员工做评论家，创业者应该少去当评论家，站在高端谈什么格局。很多问题抽象之后，那叫正确的废话。比如，我今天在这里告诉你无线互联网大行业的问题，大家现场听我忽悠，听得热闹，但是回家一琢磨什么信息都没有，我把这些称之为正确的废话。"

也许这些空话大话某种角度上意味着正确的方向，也足够激动人心，但它们很多时候都是"正确的废话"，没有什么太大的作用。宣言、口号只能带动气氛，激励士气，它可能意味着前进的方向，却成为不了宏观战略。不止如此，周鸿祎还有更为激进的想法。他说，对于初创企业而言，概念上的论证不需要坚持，甚至平台上的规划、大战略都该放弃。这时候，战略要转化成具体的战术。提炼这种战术的核心，莫过于用户体验、产品品质。正如他所说："因为所有伟大的虚的东西对小企业而言并不重要，你要打开市场，最重要的是撬动用户的心。"

其次，情怀成为不了战略。在2016年的创业黑马社群大会上，周鸿祎发表了一场演讲。演讲中，他指出，在目前的国内市场中，投资人如过江之鲫，数不胜数，这种情况下，热钱自然也滚滚而来。但很多创业者拿到钱后，反而陷入了迷茫之中，并没有真正做起一项事业。他认为，相比于钱来说，创业者更需要迷茫时的指点和过来人的经验。周鸿祎尤其讨厌那些空口谈情怀的人，所以，他一再强调，情怀成不了战略，创业者一定要说"人话"。

撇开情怀不谈，从具体的产品战略上来说，一定要符合"刚需、频度、功能突出"这三点。周鸿祎说，产品第一得符合用户刚需，解决用户痛点；第二得拥有较高的使用频度，这有助于塑造用户对产品的整体和使用体验；第三，要突出某项或某几项重要功能，在经受市场的考验后，再添加其他功能，这样成功的概率大一些。

最后，制定战略的时候不要好谋无断，亦不要反复多端。周鸿祎在杀入智能手机市场的时候，其实是犯了一些错误的。这凸显出了他在战略规划和布局观察上的某些短板。周鸿祎其实很早就对手机市场很感兴趣，甚至在雷军做手机之前，他就曾有过这方面的规划。但因有着目标不明确等原因，计划不了了之。直到2012年，周鸿祎才下定决心攻入手机市场，推出"360特供机"，但时机已然延误，雷军的小米早已占据了半壁江山，"360特供机"最终只得惨淡收场。2015年，周鸿祎卷土重来，奇酷手机横空出世，但周鸿祎在智能手机市场的表现并没有达到预期。每逢谈到这些失误，周鸿祎便痛心不已。他虽然注重战略，却判断错了形势，憾失先机也是在所难免的事。

从周鸿祎这位互联网"大佬"的失败经历中，我们可以看出，他的失败有的时候不是不勤奋，反而是太勤奋，以致只注重战术而忽视了战略。有的创业者亲力亲为十分努力，堪称劳模，但是光敬业是不够的，光有执行力也是不够的，如果没有一张方向正确、事无巨细的"行军图"，你再敬业、再有执行力，也只能遗憾地看着别人的辉煌与成功，灰溜溜地待在一旁叹气。"眼望星空，脚踏实地"才是创业者的正确态度，既能掌控宏观局势的变革，制定详略得当的战略规划，又能将每一个细节迅速执行，贯彻到底，这样，你的创业之路才会稍微顺利一点。周鸿祎关于创业的几点经验，对后辈创业者来说，都是智慧满满的干货，相信会让他们大受裨益。

第七章

经验之谈：用人和做产品的几点心得

这五类员工不用

纵观互联网巨头的用人之道，都是各有各的智慧。阿里巴巴创始人马云说，与其把钱投在企业身上，不如把钱投在员工身上。华为技术有限公司总裁任正非说，选拔人才之时，一定要注意这些人才身上是否具有大局观，小富即安、惧怕吃苦的人要不得。而百度公司董事长兼首席执行官李彦宏则说，百度不太看重员工的年龄、性别、学历、毕业院校或者工作背景，只要有能力、有潜力，认同公司文化便是百度欢迎的人才。

那么，奇虎360董事长周鸿祎又有哪些用人之道？周鸿祎是个坦率直白的人，在谈到这个问题的时候，他干脆地表示，有五类员工，他不会用。2011年10月14日，周鸿祎就企业用人之道发表了一番话："创业不易，辨人更难。反思过往，有五类员工不能用，如不能迅速处理，就会影响团队的凝聚力，有害无利：张嘴说谎的，自我膨胀的，心胸狭窄的，吃里爬外的，拉帮结派的。"

周鸿祎不愧是互联网圈子里最著名的"红衣大炮"，他一开口，便是一番痛快淋漓、尖锐直白的道理。他不是不懂得态度圆滑，口气和缓，只是不屑于这样做。

周鸿祎在新员工入职培训时的一篇讲话在互联网上广泛流传，开篇，他便这样说道："我想给新入职的同事讲一讲我的期望，再提几个建议。我这个人喜欢说真话，不喜欢说漂亮话，因为漂亮话没用。但说真话，大家可能不爱听。"周鸿祎明白真话有时候可能很"刺耳"，可能很"残忍"，但是他希望员工还是要努力培养喜欢说真话、听真话的习惯，成为一个直面人生坎坷磨难、机遇挑战的人，而不是一个嘴里没一句实话的人。

其次，周鸿祎很看不惯那些自我膨胀的人。当初他做天使投资人的时候，也曾遇到过一些在互联网行业做出点成就的年轻创业者，让他印象很深刻的是，这些年轻人很多时候都会沾沾自喜于曾经的或者现阶段的成绩，听不进别人的指点和规劝。这样的人周鸿祎见得多了，便很反感。周鸿祎经常会向员工灌输这样的道理：一定要明白自己来360究竟是想要获得什么，只要明确目标，就不会在今后取得的成绩中迷失自己，也不会在一时的失败中苦苦沉溺。若想行走江湖、扬名立万，就要去学习知识、增长本事、不断进取，而不要轻易地自我膨胀。

再者，周鸿祎在创业道路上一直避免和那些心胸狭窄的人同行。这类人一旦成为你的员工、你的朋友、你的合作伙伴，一定会产生一些不愉快的事情。周鸿祎自己也知道他的脾气火爆异常，有时候欠缺耐心，在工作场合经常会不留情面地骂人。他自认情商低，也知道这是一种性格缺陷，因此近些年来也在努力克制。但是熟知他的人都知道，他通常都是对事不对人，对自己、对别人的要求太高而已。周鸿祎也知道他这种脾气的人和心胸狭窄、记仇的人不对付,也不太看得起后者的为人处世,所以直白说明,自己不会用这类员工。

至于吃里爬外、拉帮结派,这些行事作风一定和企业的文化氛围背道而驰,周鸿祎尤其对此深恶痛绝。吃里爬外的员工"养不熟",为了一点蝇头小利会出卖同伴、出卖企业;拉帮结派的人会破坏公司的和谐气氛,将公司搞得乌烟瘴气,一团糟,这些周鸿祎都曾亲身体验过,他实在不想再去尝试。虽然创业不易,辨人更难,但毕竟走过了一段曲折漫长的创业路,他早已修炼出一套完整的用人法则。

周鸿祎不喜欢这五类员工,甚至"恶狠狠"地说,360永远不欢迎这些员工。他是一个态度强硬、铁血手腕的领导者,但并不代表他对待属下员工没有"温情"。记得刚创办3721的时候,周鸿祎在北京马连洼租了一套简陋便宜的三居室,那时候他手下员工只有几个不离不弃的小伙伴。其中两个小伙伴是刚毕业的穷学生,实在是租不起房子。周鸿祎知道这件事后,立马将三居室中其中一个房间收拾干净,让那两个员工免费住了进去。条件虽然艰苦,但是大伙其乐融融、齐心协力,结下了无比深厚的友情。后来这些小伙伴一直跟随在周鸿祎身边,努力前进,四处打拼,这才迎来了3721之后的辉煌。

后来,周鸿祎尤其注意企业内部的员工福利制度,他知道,对于一个企业而言,最重要的莫过于人才。他一开始甚至想在企业中营造一种"家"的氛围。那时候,北京绝大多数企业都没配套的食堂,为了解决员工吃饭的问题,周鸿祎首先建议设立食堂,除了为员工提供一日三餐外加下午茶外,还特地为加班的员工准备了茶水和宵夜。随着公司规模越来越大，来自五湖四海的员工越来越多，原先食堂里那种单一的菜品就不再适合大家的需求了。周鸿祎了解到这一点后，立马请了精通各大菜系的厨师。除此之外，还添加了西餐。员工饭吃得愉快，工作起来自然更有干劲。

周鸿祎是技术出身，他明白程序员平日的工作有多忙，工作强度有多大。为了保证公司员工的健康不出问题，360特地设置了保健按摩室，请了经验丰富的按摩师傅，为员工解决颈椎、腰椎的僵硬酸疼问题。除此之外，周鸿祎特别注重完善员工的医疗保障体系，公司为每一个员工购买了商业保险，员工若是生了病，医疗费都可以报销。这一切都使得员工真正体验到了"家"的温暖，工作起来更是后顾无忧。

最让人感慨的是，周鸿祎为了表达对员工的感激，特意将公司的股份分发给员工。360不愧是中国互联网企业中员工持股最多的公司，员工持股比例最高的时候甚至能够达到40%。2013年，"IT技术宅男"周鸿祎曾带着员工做客"芒果台"的《天天向上》，在这个舞台上，面对主持人的调侃，周鸿祎体现出了一贯的幽默感，将气氛调动得十分火热。除此之外，他还真诚地表示，他一直都在为提高公司员工的持股比例而努力。员工的支持与信任一直是他前进的动力之一，在创业的路途中，他曾腹背受敌，广受非议，但一直保持着"红衣大炮"的本色，从未流露出一丁点的迟疑与退缩，正是因为他身后始终站着一大批为他鼓掌、为他骄傲的小伙伴。对于周鸿祎来说，这也是他最为之自豪的事情。

有噪音的团队更值得信任

在乔布斯的一段珍贵的电视采访资料中，他曾谈起了小时候亲身经历的一个故事，让人印象深刻。乔布斯小时候住的那条街上有个80岁的丧偶男人，他曾花钱请小乔布斯为他清理草坪上的杂草。有一天，这个老人突然对乔布斯说："请到我的车库来，我有有趣的东西给你看。"乔布斯好奇地跟了过去，只见老人拉出磨石机，架子上只有一个马达和空的咖啡罐，一根皮带连在它们之间。

老人带着乔布斯在后院里捡了一些粗糙的石头，扔在咖啡罐里，朝里倒了点水，又加了点粗砂粉，然后将罐子密封起来。之后，老人开动了马达，朝乔布斯眨了眨眼说："我们明天再来看看。"乔布斯好奇了一整晚，第二天老人带着他打开罐子，出现在眼帘的是一些光滑圆润、泛着美丽光泽的石头，这让乔布斯大吃一惊。

这件事乔布斯一直记在脑海里，他的原话是："原本只是再寻常不过的石头，经由互相摩擦、互相磨砺，发出些许噪声，结果变成了美丽光滑的石头。"在乔布斯拼搏事业的道路上，他时时想起这个故事，他慢慢明白了一个道理，那就是会制造噪声的团队，才会磨出美丽的石头。当一群才华横溢的伙伴组成团队的时候，成员之间的碰撞、争执与大吵也许会制造出一些噪音，但这并不是坏事，正是这些噪音让对方变得更棒，让点子变得更具创造力。

周鸿祎很欣赏乔布斯，也很喜欢乔布斯的这个关于噪音的故事。他甚至说，有噪音的团队更值得信任。绝大多数的创业者都希望自己的团队气氛和谐，每一个人都相敬如宾，但这在现实生活中实际上是很难实现的。毕竟团队汇聚的是集体力量，成员各有各的优势短板，各有各的性格想法。很多人为了团队的和谐，只能将自己的想法埋在肚子里，这种"委曲求全"不仅会消磨团队的活力、创造力，长此以往也会激发出更大的矛盾。石头要经过互相的摩擦、磨砺才能变得光滑、圆润、美丽，创意也是如此。团队间的思想碰撞乃至是争论大吵都会激发出独具魅力的创意，成员的关系说不定也会因为彼此间的坦诚而越发融洽。

周鸿祎侃侃而谈道："360也有这种气氛，我也希望能继续保持这种风格。每个人都要意识到并接受这种磨砺的过程，这应该成为一种典型的企业文化。在美国有乔布斯这样二次创业的成功者，但是也有很多企业走向衰落，就是因为大家都很客气，不再有争论，领导层根本听不到不同的意见。"

任何一个开明的企业领导都会十分在意团队建设的问题，周鸿祎也不例外。他曾说："营盘是铁打的，还是纸糊的，归根结底在于你是不是有一支优秀的团队。"他也曾依据自己的创业经历去告诫后辈创业者，在创业初期团队成员流失的时候，不要拿"铁打的营盘，流水的兵"来安慰自己。创业者和旗下小伙伴不是单纯的雇佣关系，而是并肩作战的战友关系。"对于创业团队来讲，如果每个员工都把自己做的事情仅仅当作一份工作，当作一种养家糊口、解决财务问题的工具，那么这营盘绝对不会是铁打的，而是纸糊的，稍有风吹草动，就会坍塌。"

所以说，有噪音的团队更值得信任，一个团队若是只追求表面上的和谐，说明团队成员并没有真正将自己当作企业不可分割的一员，也没有发自肺腑地希望企业规避盲点，走上正轨。他们只是"雇佣兵"，所以会因为种种顾虑，放弃心里真正想说的话。他们表面客气，实际疏离。真正对企业怀着热切期望的员工、真正尊重团队的成员会不惜跟伙伴"撕破脸"，会一针见血地指出对方某个方案的不足之处，某项举措执行得不到位的地方，而他们吵得越大声，这个团队的创造力、凝聚力就越强。

所以周鸿祎十分鼓励旗下的团队成员去"吵"，去大胆指出领导、同事包括他自己的错误，去说出心中的想法。在这一点上，周鸿祎一向是以身作则。他堂堂一个CEO，却总是因为一个具体的细节问题和员工争得面红耳赤，这种较真的劲头让大家恨得牙痒痒的同时，不由生出一股感动的情绪。随着阅历越发丰富，资历越发深厚，周鸿祎逐渐摸索出了一套独特的"周氏管理术"。

周鸿祎认为，处于创业初期的企业，尤其需要匀出主要精力去组建一支优秀的团队。创业团队是一个特殊的群体，它由一群才能互补、共同承担责任、为同一个创业目标奋斗不停的人组成。创业者需要去思考如何才能激发出团队成员的战斗力，如何消除他们的那种

"雇佣兵"心理。针对这一点，周鸿祎解释说，关键在于创业团队成员的价值观和创业目标是否一致。为此，他还特地总结出了几条规律："第一，不能以发财为目标，一定要有某种程度的理想主义情怀；第二，财散人聚，要有激励机制，把大家的利益捆绑在一起；第三，解决新老交替的问题，留一部分利益给未来。"

而一支不断发出噪音的团队远远比一支表面和谐、实则死水一潭的团队要值得信任。周鸿祎本人更是不会客气，他对员工的关心、关怀都融入了具体的行动中，而不是口头上。他会直接对员工说："如果你不喜欢360，你一定要尽快换，尽快找到自己喜欢的事情，找到一个值得自己去投入的事情，至少你不会浪费自己的生命。如果你选择360，仅仅是因为公司的名气，就想混，吃亏的是你自己。想想，你再能混，能混多少钱啊？你一年混我20万，5年一共也才混我100万啊，这对我来说没什么，但是你在这里白搭了自己5年的时间。你5年的青春值多少钱？难道只有100万吗？"

他的这些诘问，掷地有声，在有些人听来可能十分刺耳，会觉得不服气，可是对那些懂得周鸿祎话里真正含义的人而言，其实是十分受用的。周鸿祎带头发出这些"噪音"，是希望磨炼出更和谐，更具活力、创造力、更不怕输的团队。他的良苦用心不会白费，时间会证明他的用人之道、管理经验有多独特，有多珍贵。而周鸿祎本人的"刀子嘴豆腐心"也为他俘获了大批的追随者，忠实地循着他的创业轨迹，一路披荆斩棘，不断向前奋进。

用户价值等于商业价值

2011年,奇虎360公司在纽交所完成了上市"开门红"的神话后,周鸿祎曾利用微博平台集中回答了网友的提问。其中,周鸿祎的一句话让人印象十分深刻:"360是一个技术和产品研发驱动创新公司,我们要招揽更多人才,开发更多对用户有价值的产品和服务,只有给用户创造价值,才可能创造公司商业价值。"

当年3721与百度争夺市场份额的时候,周鸿祎曾一度忽略了用户体验,一味只想着和竞争对手拼个高低,这才导致了他最终做下错误的战略决定,将3721卖给了雅虎。这是一个惨痛的教训,让周鸿祎耿耿于怀、铭记在心。在他心里,用户价值的地位越来越高,并逐渐与商业价值画上了等号。后来,无论是在内部的员工大会上,还是在某些公开场合,他都一致强调说:没有用户价值,就没有商业价值。

2013年10月18日,周鸿祎在"2013华夏之星前进计划"之"小企业公益大讲堂"上的演讲让人深受启发,甚至被人奉为传统企业转型互联网企业必看的经典教程之一。在这场演讲中,周鸿祎细致地阐述了从传统商业到互联网商业的转型过程中"游戏规则"的改变。在他看来,传统商业虽然一直在讲"客户是上帝",但这样的经济关系里只可能存在商家和客户这两个维度。从生产、包装到推广，营销手段层出不穷，让人眼花缭乱，商家做这些努力只有一个目的，那就是把产品卖给客户。

所谓"一手交钱，一手交货"，当买卖双方完成了"交钱交货"的流程之后，貌似这场交易就结束了。在互联网并不盛行的传统商业时代，多渠道的信息流通是一种奢想。商家与客户之间关系的建立通常以信息不对称为基础。这就是人们常讲的"买的没有卖的精"。在这个时期，能够精进售后服务的品牌少之又少。

当互联网时代全面到来的时候，游戏规则就改变了。信息的全透明化使得传统商家原有的某种优势荡然无存，而消费者却将主动权与话语权牢牢掌握在手心里。靠着信息不对称来进行的各种传统营销方式失去了预期的效果，而用户体验的重要性则越发凸显。周鸿祎的原话是这样说的："今天，所有的产品高度同质化，你提供给用户的，过去是功能，后来是满足用户的需求，再进一步说是给用户创造价值。但最后，你发现能胜出的决定性要素，其实是用户体验。"

"我打开一瓶矿泉水，喝完之后，它确实是矿泉水，这不叫体验。只有把一个东西做到极致，超出预期才叫体验。比如有人递过一个矿泉水瓶子，我一喝原来是53度的茅台。这就超出我的体验。"周鸿祎打了一个巧妙的比喻，他说，当用户打开矿泉水瓶子，喝到的却是茅台的时候，用户体验便达到了极致。

如今互联网信息时代的概念越发深入人心，而站在消费者角度提炼出的"体验时代"的概念亦十分流行。以周鸿祎多年的创业经验来看，技术出身的产品经理通常都非常有潜力，因为这样的人才十分精通技术，总能够在花花绿绿的技术方案中一眼挑出最好的。然而，周鸿祎强调道，技术人员出身的产品经理往往也会受到某种观念的掣肘，一味将自己认为的最好技术展现给用户，而忽略了用户体验。

什么是好的用户体验？只有从用户的角度出发，将心比心，才能掌握用户的真正需求，得到消费者群体的信赖和喜爱。早在2012年11月的UPA用户体验大会上，周鸿祎针对用户体验的概念，简单总结出了五点。

第一，他认为用户体验的核心是用户需求。哪怕是很多专业人士，也会犯本末倒置的错误，认为设计是用户体验的核心，但实际上，用户需求才是重中之重。周鸿祎经常会跟产品经理讨论这方面的问题，他说在产品设计之初的时候，界面上的瑕疵、功能上的不完善都可以理解，但若用户无法理解你的产品的真正用途，无法与之产生共鸣，问题就大了。2006年的时候，流氓软件在国内互联网市场上肆意横行，嚣张无比，之后360的横空出世才有效遏制住了这一状况。但老实说，360的第一版本功能实际上比较简陋，根本没有今天的强大实力，那时候的360之所以能够成为广大互联网用户的"心头好"，在于其准确把握住了用户的真正的需求，解决了用户的痛点。

第二，周鸿祎认为超出预期的才叫用户体验。这与前文中的"打开矿泉水瓶却喝到茅台"是一个道理。周鸿祎举例说，海底捞之所以能够吸引很多人去消费，是因为优质的服务。如果某项产品的用户体验大大超出预期，就不怕没有好口碑。2009年，360推出了开机小助手，极大缩短了用户的电脑开机时间，这便是一项远远超出用户预期的产品，带来的惊艳效果让广大互联网用户爱不释手。毕竟在2009年，中国电脑的开机启动项目足足达到了7000多项，因为一些商业利益，很多软件在后台偷偷运行，最终使得用户电脑的开机速度堪比"老爷机"。360开机小助手由此成了互联网用户的"心头好"。

第三，用户体验要让用户可以感知。当初360推出的一键优化功能，获得了绝大多数用户的认同。而在这之前，周鸿祎一直在思考该用何种方法告诉用户电脑测评状况，专业文字明显不太合适，毕竟现代人生活节奏快，用户一般对这种描述性的文字不太有耐心。后来，周鸿祎发现，还是用数字、分数来表达这个测评结果最为合理。所以360为用户的电脑体检设置了一个分数，这样用户才能一目了然地看清楚电脑的目前状况。"用户不能感知，但是你要创造感知。"周鸿祎如是说。

第四，用户体验大多集中在细节处，因此要注重细节。周鸿祎当初翻看乔布斯传记的时候，被一个"极端"的例子所吸引。传记上写道，乔布斯有一天给谷歌高管打电话，说苹果iOS有一个谷歌地图图标，放大一定倍数后，这个图标的第三行有一个像素的颜色不对，乔布斯认为这对iOS的整体美观造成了影响，因此他特意打电话给谷歌高管反映了这个问题。这个例子给了周鸿祎极大的启发，他越来越觉得，优质细节能够产生的力量超过产品经理的想象。所以他才会说："很多用户体验往往会毁在细节上，也往往成在细节上，为什么这么讲？当你跟同行竞争的时候，大的功能方面大家不会差得太多，其实用户感知的东西，往往是细节，这时候就需要你们发挥设计师的敏感去感受这种细节的内容。"

第五，用户体验一定要聚焦。设计人员在做产品体验的时候，为了面面俱到，必须进行全方位系统性的思考，但在经过这样的思考之后，一定要在众多的功能中寻找出一个有力的突破口才能打通市场。毕竟"再大的市场也需要一个针尖一样的点做切入，所有成功的产品都要找到一个点，通过聚焦，把有限的资源聚焦在一个点上，才能形成压强。"

在周鸿祎看来，这是一个体验为王的时代，谁能够将体验的力量运用得出神入化，谁就能够得到用户的信任。创新并不是将专家聚集在一起，去研究一款神奇秘方，去申请专利。创新很简单，就是从用户体验出发，从细节出发，努力塑造产品的口碑。对于周鸿祎来说，所有离开用户需求的用户体验改进都是"耍流氓"。

永远的"用户至上"

前两年，一篇文章在互联网圈内悄然流行，引起了很多人的关注。这篇文章的作者是一位刚刚离职的360员工，文章笔调温暖诚恳，让人们对360的企业文化有了一个全新的认识。其中，作者对于360始终坚持用户至上的原则的阐述给人印象深刻。

他是这样说的："听过老周演讲，尤其是听过他多次演讲的人都应该对他嘴里吐出的'用户体验''用户至上''拜用户教'等词语不会陌生。说是这么说，大家觉得很高大上却很空洞。但是在实际工作中，在对待用户体验的问题上，360从来不打折扣，哪怕会牺牲自己的利益也在所不惜，因为这是一条不可碰触的高压线。"

这位360前员工还举了一些具体的例子来佐证自己的说法。比如说，当年他在负责手机助手游戏的用户反馈工作的时候，发生的一件事情让他第一次明白了用户至上的真谛。当时有一个用户向360官方反馈说某个百万级别下载量的联运网游出现了"恶意扣费"的行为。在了解到了恶意扣费的原因后，相关工作人员按照一贯的处理流程，建议先将这款联运游戏下线处理，等到开发者解决技术问题后再上线。因为这种处理方式带给公司的损失实在太大，联运方的同事颇有微词，双方便陷入了一个僵局之中。结果这件事情上报公司VP（泛指所有高层副级人物）后，很快VP直接下达了一个命令，只有简单的四个字："立即下线。"

"用户至上"是360一直在坚持奉行的原则之一，这不是一句简简单单、假大空式的口号。过往种种创业经历让周鸿祎充分领教到了用户体验的重要性，在他心中，"用户至上"的观念逐渐形成，且一次比一次坚定。毕竟在移动互联网时代，只有深入挖掘用户的心理，找准用户的刚性需求，才能研发出让互联网用户喜闻乐见、趋之若鹜的产品。而对于企业来说，如果"用户至上"成为一句空洞的标语，今后的发展便会成为泡影。

2006年，360摸索着进入了互联网安全领域，靠着敏锐的市场嗅觉和强大的技术实力，在短短几年内便做到了国内互联网安全企业中的领头羊。分析360的成功之路，可以看到，用户需求及用户体验一直是企业发展中的关键词。正是因为360在一开始便找准了用户的刚性需求，才成功地颠覆了互联网安全领域的传统模式。所以周鸿祎才自豪地说，360是试水互联网思维的最早企业之一。

传统企业对应的是客户，而互联网企业对应的却是用户。到了互联网时代，海量的用户基础不再只是奢想。互联网企业打破了传统企业的地域局限，也打破了后者以地域划分市场、固守市场的僵硬模式。在如今这个信息时代，想要固守一块市场、一个客户群太难了，流动反而成了常态。真正有情怀有理想的企业，不会那么早急着挣钱，他们会不惜一切代价地去挖掘用户潜力，不断夯实用户基础。

周鸿祎说，做企业、做产品不能急："很多企业在规划产品的时候都不可能一上来就高瞻远瞩，我也是走一步看一步，一步步推演过来。"这些年周鸿祎不断收到很多商业计划书，而这些一上来就谈"商业模式"的计划书让他看到了很多新兴企业的短板，亦让他觉得十分可笑。老实说，用户不会特别在乎企业的梦想和理念，他们之所以对产品、技术感兴趣，不是因为这些技术有多牛，而是想知道技术能否满足他们的需求，产品给他们创造了什么价值。如果连这一点都没意识到，却大谈特谈商业模式，实在是本末倒置。

360安身立命之本就是用户至上。维护用户的利益成了360永远的追求。在先锋互联网产品层出不穷的时代，谁能够将用户体验做到极致，谁能够真正替用户考虑，谁就能脱颖而出，成为新一代的领头羊。简单罗列产品功能并不能帮助一个企业崛起，真正赢得用户信任；在忽略具体细节的情况下，去铺设一个宏大华丽的商业模式，并非明智的做法。好的用户体验用"愉悦、放心、便捷"这几个词语便可以概括，踏踏实实做事，认认真真执行，便是成功最好的催化剂。

从互联网传入中国起，国内大大小小的互联网企业便一次又一次地经历着挑战与机遇。在这个过程中，有的企业从寒冬走向繁华，有的却从繁华走向凋落；有的扛过无数艰难成为实力雄厚的巨头，有的却在激烈的竞争中溃不成军消失得无影无踪。为什么那一批原本有着巨大潜力的互联网企业最终被颠覆？为什么另一批遭遇同样环境的互联网企业却顽强崛起，一步步走向成功，并最终拥有了不朽的影响力？周鸿祎曾无数次问自己。根据多年奋斗经验，他最终总结出了一个既简单又复杂的答案。这个答案的三个关键词是："用户至上""体验为王""免费大旗"。

当一次性的生意最终变成了企业与用户之间密不可分的连接的时候，说明企业的"用户至上"规则得到了淋漓尽致的发挥。当一个企业真正遵守了"体验为王"原则的时候，其产品的销售也会由当初的生硬客套转变成亲切自然，品牌观念亦会变得深入人心。用户会打心眼里拥护产品的价值。当"免费大旗"高高竖起的时候，只要保证一定品质，短时间内必然会积累大量的用户，这使得用户流量得到了最基本的保证。靠着这三个关键词，旧的商业模式从此被打破，崭新的互联网秩序正逐渐形成中。

周鸿祎对360用户的那种强烈责任感让人敬佩，他说，当用户体验的好与坏成了各大互联网企业的竞争焦点的时候，整个市场一定正向着正确的方向挺进。成功的互联网企业一定会死守"用户至上"的理念，而这也将成为360公司永远遵循的原则。近几年，360将用户体验视为重中之重，为此付出了巨大的时间、金钱和精力，这使得360的名头越来越响亮，用户基础越来越牢固。

第八章

360启示录：掌门人应做令狐冲

拒绝平庸的 360

有人说，360的掌门人周鸿祎是一匹充满了斗志的狼，因为只有这样，才能带领360杀出一条血路；也有人说，周鸿祎是一尾好斗的鲶鱼，因为只有这样，才能让360充满活力，不被击垮。

实际上，创办360之后的周鸿祎更像那个既潇洒又孤独的，天不怕地不怕的，以一己之力搅乱整个互联网江湖的剑客令狐冲。他身上有一股独特的落拓侠士的气质，执拗倔强、不撞南墙不回头，嬉笑怒骂而又直爽不羁。

周鸿祎算是中国互联网界最复杂、最另类、最有趣的人物，他的一生都在拒绝平庸。上大学的时候，不安分的他一心折腾起了创业，接连多次的失败也没有让他放弃这个梦想。

毕业后他加入方正集团，勤练"武功"，到了合适的时候便毫不犹豫地转身离开，加入了互联网创业的大军中，创办了3721，最终迎来的却是一生中最大的惨败。

他曾总结，这个教训价值十亿美金。之后，周鸿祎托身雅虎担任其中国区总裁一职，这段经历并不算愉快，却也让他积攒了不少宝贵的实战经验。从雅虎中国离职后，周鸿祎这只"变色龙"很快便找到了人生中另一个重要身份——天使投资人。

此后，他兢兢业业，成功走出了一条投资、创业两不误的道路。直到2006年，周鸿祎在老朋友齐向东的邀约下，骑"虎"出山，开启了另一段传奇的创业经历。

翻看周鸿祎的人生字典，你会发现，无论在哪一阶段，都不曾出现过"平庸"这两个字。正是这种不平庸，才让360不断成长，取得今天的成就。

他是技术人员出身，个人能力突出，性格上骄傲却不高傲，能正视自身不足之处，肯学习肯吃苦。这一路上，他的眼界越来越开阔，特有的战略思维、创新思维受到现实的锤炼，亦不断成熟。更可贵的是，周鸿祎还十分善于总结，精于反思，这是他的一大优势。

传奇人物杜月笙曾对朋友说过这样的话，你原本便是鲤鱼，想要跨越龙门可能需要修炼500年；而我生来却是泥鳅，要花1000年才能修炼成鲤鱼，再花500年才能化身为龙，一飞冲天。你若失败，大不了变回鲤鱼；我若失败，却只能重回泥鳅的行列。

很多时候，人与人之间的距离天生便差着1000年，当你看到不同起点、不同生存背景的人最终站在了同一条水平线上的时候，你不知道那个天生便差着1000年的人究竟有多努力，有多拼命才造就了这个局面。正因着这份努力与拼命，命运之神也会格外垂青于他。

为了让360立世，周鸿祎决定杀出互联网的重围。虽然他的家世普通，也没有什么留学经验，甚至一开始以软件作为事业的突破点也是因为做软件成本低。在互联网创业轰轰烈烈开启的年代，就是这样一个很普通、且没有知名度、没有靠谱的人脉、创业理念又太先锐的人，却让其一手创建的3721在如火如荼的互联网市场上异军突起，成为一匹黑马，创下了辉煌的战绩。然而3721这颗明星还是陨落了，成为周鸿祎心中永远的痛。

后来的无尽岁月里，周鸿祎不断反思当时的情况，清楚地认识到了自己在眼界上的局限，认识到了自己所犯的错误究竟有多令人痛惜。正因着这种痛彻心扉的反思，到了360时代，周鸿祎的眼界才得以全面打开，战略布局更具智慧，"棋路"越发周全。他从来不惧怕失败，因为失败让他变得更圆满，因为失败为他铺就了一条成功之路。但是他惧怕平庸，惧怕安安稳稳、庸庸碌碌地过此一生。

周鸿祎自认是个"土鳖"出身的搅局者、奋斗者，他身上有一种奇怪的自卑、自傲、自省相互混合的气质。正是由于掌门人的性格，360也显得十分张扬，且勇猛好斗。哪怕互联网的战场上浓烟滚滚，战火纷飞，但360从不畏惧那树敌无数的局面。

同时，360又能静得下来，能耐得住性子，将平凡的小事做到极致。在周鸿祎的带领下，360变得加倍努力，加倍谨慎，它不愿意错过一丝一毫的机会。而周鸿祎本人，事必躬亲到不像一个企业的董事长。他不断反思自己曾行走过的每一步，不断汲取着经验，规避着今后可能犯下的错误，将成熟与成长演变成贯穿人生的主题。

在很多人眼里，周鸿祎狂傲不羁，是个"一言不合就开战"的家伙。但在他自己看来，他不过是一个自身有着诸多局限却又无比渴望获得成功与认同的普通人。他曾迷茫过，曾失败过，曾不可避免地走过弯路，而当他千方百计回到正轨的时候，却更加坚忍顽强，更加盼望去享用成功的滋味。

周鸿祎清楚地知道自己的缺陷在哪里。他说自己像乔布斯，性格里的那些尖锐与强硬成了很多人不待见他的原因。然而在360陷入那些连绵不断的纷争中，周鸿祎不但不能放弃这份尖锐与强硬，反而要使劲去放大它。

一军将领决不能软弱，竞争对手来势汹汹，但凡他退后一分，结果必然很惨烈。可以说，周鸿祎身上的毛病一大堆，某些时候，他还显得有点极端。但正是这份极端的自信与毅力，才让他创下了辉煌庞大的事业，让他无限接近自己的梦想。

可见，在人生的某一阶段里，若想跨越那遍地的荆棘，少了那一点极端与偏执，还真走不下去。但是，在人生的另一阶段里，你要学会和自己、和外界、和人生和解。曾经的周鸿祎，发起脾气来甚至将声带喊撕裂过，然而最近这一两年来，他的脾气却温和不少，为人也相当低调。这大概是因为，人生已走上了另一个阶段。千帆过尽，唯从容而已。

他是一个善于将某一个优点发挥得淋漓尽致的人，是一个习惯反思、善于反思的人，是一个讨厌平庸、讨厌过四平八稳的日子的人。

很多企业的掌门人都害怕自己的不完美，害怕动荡，害怕被人误解，害怕被世界孤立，所以才做出一副"老好人"的姿态，让自己的公司貌似"游刃有余"地融入主流之中。

但这个世界总归还是需要360这样的一批"泥鳅",标新立异、争强好胜,敢于承认自己的不完美,同时无比渴望成功。只有这样的公司,才能逆着水流奋勇向上,最终拥有了一段闪耀的征途。

如果别人不了解你，就会将你世俗化

周鸿祎曾经一脸云淡风轻地说："当别人不了解你的时候，只会用世俗的眼光去评判你。"

这句话用在360的崛起之路上同样适合。在360的奋斗历程中，它曾一次又一次地遭受着这样或那样的误解，甚至是诋毁。360也尝试过运用激烈的手段，去反抗人们强加给它的帽子，虽然这样的效果有好有坏，却也一次次掀起了国内互联网领域的新风潮，多多少少改变了原有的互联网格局。

当初，周鸿祎创办360，将矛头对准流氓软件，亲手斩杀3721，只为挣脱"流氓软件之父"的污名。周鸿祎曾为了360，在微博上掀起一场场"骂战"，痛斥竞争对手的诸多不地道之处，并且大胆揭露了互联网行业内的某些"潜规则"。

就这样，他带着360一起，跟竞争对手结下的梁子一次比一次深，周遭的敌人也越来越多，各种争论和非议更是沸反盈天。

周鸿祎的暴烈脾气无可否认，他一向天不怕地不怕。他喜欢抢话，想到什么便随时牵过话头，再滔滔不绝地诉说起来。他需要随时随地去掌控局面，而"你让我说完"则成了他的口头禅。

在这一点上，360完全继承了周鸿祎的耿直。

"我觉得你这个做法是非常错误的"——这是周鸿祎批评人的方式，听起来不是很严重，但若配上他一贯的犀利的眼神、不羁的口吻，可以肯定的是并不会让人很好受。

早些年，周鸿祎生气的时候喜欢拍桌子大吼，语速像极了一排连珠炮，"轰隆隆"地砸向对方。

周鸿祎给自己的评价是"像巴顿将军，热衷打战，闲不下来"。而360的员工却亲切地称呼他为老周。

老周很喜欢格斗和柔道这种激烈的身体对抗运动，他还是一个不折不扣的军事迷。诸如《兄弟连》《亮剑》这样的军事题材影视剧，可以说是周鸿祎的"心头好"。

一有空闲时间，他就会带着360的员工去玩真人CS。因为这种活动既能增进360员工之间的默契与凝聚力，还能激发团队间的战斗力。

当然，周鸿祎既然能把360整理得井井有条，也就意味着他不只是暴躁好斗。周鸿祎曾吐露，外界对他，对360的误解，只是因为很少有人愿意去关注他真正的心声。

在诸多磨炼下，周鸿祎的心绪慢慢变得平静。面对误解和偏见，他开始学着去看开，他开始心平气和起来。在他看来，自己并非执拗不讲理的人，反而十分灵活。他善于吸收不同的意见，喜欢问人问题，喜欢公平公正地讨论。

因为360与其他软件的种种矛盾，周鸿祎在接受外界采访的时候无奈地说,"公司做大了之后,你和很多人讨论,到最后都变成了'意气'之争。"让他极其不舒服的是,这些"讨论"最后都演变成了辩论赛,我的目的是说服你,你的目的是说服我,无非是要证明对方更"傻"而已。

慢慢地,周鸿祎开始看清了这种"意气之争"的本质,也逐渐有了云淡风轻的心态。确实,当别人不了解你的时候,世俗化地看待你是难免的,争议与偏见也是难免的。他能够做的,是将这些纷争困扰都抛到脑后,努力做好分内之事,努力去完成宏大的创业梦想。

2017年,周鸿祎参加了"第二届西安交大企业家校友创新创业论坛"。在论坛上,周鸿祎发表了一场精彩绝伦的演讲,并通过个人魅力,好几次将现场的气氛推向高潮。

事实上,周鸿祎一上台的时候,便给大家带来了一个大大的惊喜。当主持人问他演讲题目的时候,他却淡定地说:没题目。他理直气壮的样子和身边一脸诧异的主持人形成了鲜明的对比,引起了观众一阵欢笑和掌声。

是的,周鸿祎多次演讲都是兴之所至,想到哪里讲到哪里。而这次,他想讲的无非是:很多人的成功只是因为在正确的时间做了正确的事情。

他不想将那些成功过度神圣化,包括他自己在内,很多成功人士之所以创下了那么多熠熠生辉的功绩,不过是因为他们赶上了正确的时间,并且努力把握住了这难得的时机,做出了正确的事情而已。

外界会因为不了解你而将你世俗化,也会因为不了解你而将你神圣化。

成功的创业者的确是天赋异禀，比如说阿里巴巴创始人马云，他虽然不懂技术，对产品设计流程也不太熟悉，但是马云实在太会团结人了，他懂得如何去汇聚人心，所以旗下才聚集了一大批技术高手。

但这些所谓的天赋如果没能够遇上合适的土壤，也没有发挥的机会。所以，周鸿祎一再告诫年轻的创业者，想成为下一个马云，是概率很低的事情。既然如此，不如努力做自己。对于年轻的创业者来说，把握住属于自己的时期，做好符合自我定位的正确的事情，是通向成功的最可靠的途径。

在周鸿祎看来，年轻人必须要放弃那些不切实际的幻想和追求，不是人人都可以成为马云，成为周鸿祎。每个人都有属于自己的位置，大浪淘沙中，想要脱颖而出，就得尝试最大限度地挖掘出自我优势，努力做好每一件事情，而不要将时间和精力浪费在外界的评价上。周鸿祎自己也曾是一腔热血却又缺乏经验的年轻创业者，当年他走过的那些弯路，付出的那些血泪代价，经历的那些毫无必要的"意气之争"，让他懊悔不已。他希望，年轻人不要重蹈覆辙，不要因为过分在意他人评价而丧失了自我。

在没证明自己之前，那种世俗化的认知在所难免。与其劳心劳力地打嘴仗，不如兢兢业业地做一些实事，用行动去改变人们对你的刻板印象。周鸿祎一再对年轻人说："创业不是过家家，风险和难度都很大。为了减少风险可以加入创业公司，并找到自己的定位。"找准定位很重要，如果你没有一个清晰的定位，就十分容易被他人的眼光、评价所影响，始终做不出一个理智的判断。当你看清了自己的优势、劣势，弄懂了自己想要的究竟是什么，并找准了适合自己的未来发展方向的时候，你就会变得前所未有的坚定。

这一路上，周鸿祎面临的"板砖"和指责无数，遭受的冤屈也很多。一开始，他耿耿于怀，时刻处于一种暴躁的状态。后来，他尝试着去看开，去谅解，去敞开心胸拥抱人生中的一切坎坷或是逆境。这是每个人都必然会经历的过程，而这中间的种种心理煎熬，便是成长必须要付出的代价。如今的周鸿祎，已经能够与心中那头暴躁的狮子和谐相处。这并不代表周鸿祎就此变成了"圣人"，想必遇到不平之事，他还是会"怒发冲冠一声吼"，只是如今的他有了更多的智慧与从容而已。

游久网CEO刘亮对周鸿祎十分佩服，他说："在老周那里能得到一种认可，一种信任，会让我很有成就感，他真的能听懂你想说的。"在外界很多人看来，周鸿祎是个喜欢打嘴仗的"戏精"，一味地争强好胜，只有真正熟知他的人，才知道他身上所拥有的那些温暖人心的地方。

对于年轻的创业者而言，他向来是个直爽坦荡的长者形象，给予的都是实实在在的经验，干货满满；对于朋友而言，他落拓不羁、极讲义气，是个铁骨铮铮的汉子；对于国内的互联网事业而言，他是个不折不扣的搅局者、颠覆者，为互联网事业的发展做出了极大的贡献。

在周鸿祎看来，如果实在避免不了外界对你的世俗化评价，不要气急败坏，不要担心焦虑。不妨潜下心来，努力去提升自己，努力放大自我优势，一路积攒经验、阅历，一路昂首向前，等到终于强大的那一天，便再没有人敢去轻视你。

以退为进,"网霸"的智慧

360被誉为流氓软件杀手,周鸿祎也由此被冠以"网霸"一称。周鸿祎喜欢下棋这样沉凝安静、高智商脑力活动。不管是围棋、中国象棋,还是国际象棋,他都很拿手。他尤其喜欢下围棋,因为他享受那种平衡与掌控的感觉。

在周鸿祎还在上中学时,他就曾一举夺得学校的围棋冠军。在围棋方面,他很擅长布局,那小小的一方棋盘便是他的战场,在不知不觉间,凌厉的攻势就埋在了很多步之前。正是因为如此,他才将"以退为进""不战而屈人之兵"等策略应用在了360的经营上。

别看周鸿祎脾气火爆,却是一个十分有耐心的人。他的耐心,也成为360喜欢隐藏锋芒的重要原因。

当年,周鸿祎在大学里兴致勃勃折腾着创业的时候,万万没想到迎来的是惨淡的失败。重拾信心后,他暂时放弃了创业,经过一番慎重选择最终加入方正集团,准备以此来作为人生棋局的起点。事实证明,这个选择尤为正确。若不是这段经历,他不会那么快成熟起来。这是他"以退为进"智慧的体现。

后来,随着周鸿祎骑"虎"出山,360横空出世,从此成为国内互联网安全领域的一杆大旗。虽然周鸿祎始终强调360公司将永远是一家安全公司，但这并不代表他放弃了曾经的"搜索梦"。周鸿祎曾4次冲击互联网搜索领域，第一次便是3721。到2002年，3721的销售额达到了2亿元，流量亦攀至高峰，一跃成为国内搜索行业首屈一指的"霸主"。

随着3721的崛起，其竞争对手百度也不甘寂寞，加快了"反攻战"的步伐。最后的结果大家都知道，周鸿祎将3721卖给了雅虎，第一次与"搜索梦"擦肩而过。

成为雅虎中国区总裁后，周鸿祎瞄准国内搜索市场，发动了第二次进攻。经过精心的准备，他推出了一搜网，意图整合3721网络实名及雅虎搜索，一炮打响雅虎的本土化进程。结果，因为雅虎总部对雅虎中国管理团队的不信任，一搜网并未得到足够的支持，延误了发展的良机。跨国公司那种官僚作风让周鸿祎无比痛恨，因为种种原因，他最终离开了雅虎中国。他对于搜索领域的第二次进攻并不成功。

2005年，周鸿祎转型天使投资人，看似离开了业务第一线，实际上却是运用一招"以退为进"的策略，利用投资人的身份获得更多的操控力。这边，老对手百度却是如日中天，已奠定国内互联网搜索领域的巨头地位。周鸿祎自然是不甘心。

2005年，奇虎低调成立。一年后，周鸿祎正式出任奇虎董事长，这是他第三次杀入搜索领域。可惜的是，这时候的搜索市场已被百度、Google等老对手垄断，雅虎搜索实在难以杀出重围。

值得庆幸的是，360安全卫士异军突起，一度创下卓越的业绩。

周鸿祎思虑再三，暂时放弃了"搜索梦"，转战另一块市场——互联网安全领域。360的安全事业开展得如火如荼，一举打败瑞星、金山等老牌杀毒厂商，成为最受用户信赖的互联网安全企业。

此后，360又带领着旗下员工挺过了瑞星、金山、卡巴斯基等竞争对手的围攻，挺过了"3Q大战""小3"之争，几乎将全部精力都放在了安全领域。难道说周鸿祎就此放弃了"搜索梦"吗？并没有，他这是在"以退为进"，时机一旦成熟，他一定会毫不犹豫地发起下一次攻势。

在360推出综合搜索时，360浏览器在PC端的市场地位不言而喻，据可靠数字显示，360搜索推出仅5天，市场份额便已超过10%；2013年，360搜索上线一周年之际，它的市场份额占据总体份额的18%以上；到了2014年，360搜索用户使用率达到30.20%，而市场占有率则达到了30.32%；到了2015年1月6日那一天，360搜索正式更名为"好搜"，就此成为一个独立的搜索品牌。

到了2016年，好搜早已成为国内排在百度之后第二大搜索引擎，360企业安全集团董事长齐向东说："未来会有更颠覆、更酷、更潮的智能硬件设备，采用好搜的语音识别、图片识别等技术，创造更智能的交互体验。"而周鸿祎则表示，未来的360公司在着力安全的同时，会加快其移动内容端的突破，360搜索作为核心内容产品，将会朝着人工智能及信息流这两个方向发展。

这是360第四次进击搜索领域，绕了这么大一个圈子，周鸿祎离最终的梦想越来越近。

从360"搜索梦"步步实现的过程中，我们可以看到其独一无二的"以退为进"的智慧。周鸿祎不是一味蛮干的人，他讲究发展、讲究策略，更讲究时机。他有过冒进的时候，一旦意识到势头不对，便会立即后退，潜伏待发。在与国内互联网界三大巨头正面对抗之时，周鸿祎骨头硬，该出头时便出头，从不惧怕对方的实力。

但是，在三大巨头攻势正猛的时候，周鸿祎也不会死命硬撑，他十分懂得迂回作战、适时地避其锋芒，该后退的时候后退，该示弱的时候示弱，达到以巧取胜的效果。有人说，周鸿祎是"网霸"，霸道强势，说一不二。周鸿祎自己却笑着说，为了在越发激烈的竞争中存活下去，他也曾无数次地认输。是的，他是一个懂得认输的人。

兵书说，胜败乃兵家常事。在恰当的时候懂得退让，懂得保存实力，才能始终立于不败之地。周鸿祎丝毫不畏惧与对手硬碰硬，事实上他也经常这样做。但他更懂得"四两拨千斤"的道理。

以退为进的智慧是十分难得的，像周鸿祎这般耿直的人，若不是经历了无数的坎坷与磨炼，也未必就懂得了这其中的诀窍。

正是靠着这种巧妙战术，360才最终躲过那些激烈的围攻，全身而退的同时逐渐绽放出如今这般耀眼的光彩。

第九章

360寄语年轻人:狭路相逢勇者胜

那些比钱重要得多的东西

周鸿祎，人送美称"红衣大炮"，骨灰级"圣斗士"，资深级互联网创业"大佬"。网络上，《那些年周鸿祎搞死的合作伙伴》之类的文章比比皆是，周鸿祎却稍显落寞地说，如果别人不了解你，只会用世俗的眼光去看你。

随着360横空出世，引得杀毒软件市场空前热络。在一片金钱硝烟中，360似乎总是云淡风轻，冷眼看着外界的炒作，也默默承受着对自己的诋毁。

互联网时代，彼此间的竞争与厮杀不见刀光剑影。从马云的阿里巴巴，到马化腾的腾讯QQ；从李彦宏的百度，到雷军的小米，同样意气风发地走过了一条漫长的奋斗旅程，之后你来我往，争先恐后地展示着骄人的创业成绩。

如今的他们，迎来了互联网创业时代的百家争鸣、百花齐放的局面，成为所有年轻人的创业偶像，而周鸿祎最终也携着艰辛坎坷的创业史，做出360来证明了自己。

现代企业的决胜武器在于高度产业化、极致现代化的产品，在于精准的用户定位，在于创新，在于"狠"。市场的竞争越发激烈，没有真本事，迟早会被拍死在沙滩上。

360就是这样一个"狠角色"。有人说，360就像条好斗的鲶鱼。而360却淡淡地表示，我们是鲨鱼，不一定要羡慕陆地上的狮子。

还有人说，周鸿祎确实是史诗级"圣斗士"。可周鸿祎却耸耸肩，轻松一笑，"我不是好斗，我只是敢说"。

在周鸿祎的办公室里，摆着两排别具一格的靶纸，在靶心的周围，那些大大小小的孔洞十分显眼。

这是周鸿祎用来提醒自己的思想武器。因为360原本就是位好斗的勇士，周鸿祎也经常对自己说，哪里有需要，哪里就有我。

在周鸿祎看来，这个金钱至上的时代，仍然有许多比钱更重要的东西。

很多创业者曾幻想自己是个侠客，驰骋在浪漫激昂的武侠世界中，诸如一直以风清扬自居的马云。周鸿祎也如此，他理想中的自己是令狐冲，那个自由散漫、生性不羁，为所有正派误解又最终为己正名的绝顶高手。

周鸿祎绝对是个不惮于颠覆传统的人，不然他也不会创造出自信满满的360。在周鸿祎的至交好友眼中，他就是个浑身散发出一股落拓侠客味儿的武林中人。虽然他表面上不修边幅，骨子里却是无比较真。

正是如此，360才能在这个纸醉金迷的世界中，保持一分认真与活力，也能在面对网络上无数的赞许与无理的板砖时，毫不在意地当一个"流氓杀手"。

这种精神，要比动辄赚几亿，却为了金钱毫无下限的公司高尚得多。

周鸿祎曾说："一个人越早知道自己的价值观，对自己的发展越有利。我的成功得益于我很早就有很清楚的价值观。"

他将自己的价值观带入了360，而他的价值观，是从一本名为《硅谷热》的书中获得的。

彼时，《硅谷热》点燃了20世纪80年代的PC革命，之后又在年轻人中间广为流传、长久不衰。这本书也在周鸿祎的母校——西安交大刮起一股股"硅谷狂风"。受这本书的影响，周鸿祎在大二花了很长时间去理解苹果的传奇创业史。

《硅谷热》给周鸿祎展现的不仅是PC革命、半导体传奇和软件神话，还有惠普、英特尔、苹果等一系列令人血液沸腾的创业故事。

可以说，休利特、乔布斯、格罗夫等大洋彼岸的创业形象，让周鸿祎见识到了世界的广大，也激发了他身上的英雄情结，成为360日后的精神模板。

一本好书可以影响一个人的一生，也可以影响一个公司的愿景。在《硅谷热》的基础上，周鸿祎给自己总结出了三大人生价值观，也给360总结出了企业文化。

首先是敢想敢干。

周鸿祎说，当年的赵括熟读兵书，自以为天下无敌，上了真正的战场后才被敲醒。一个人要想取得成功，敢想敢干的气魄必不可少，创新的能力必不可少。面对强大劲敌之时，如果你不信"狭路相逢勇者胜"，一味地逃避退缩，或者热衷于拉关系走后门，或者说惯了假话空话、真正实行的时候随波逐流，只能获得一个灰溜溜夹着尾巴逃跑的颓丧结局。

其次，要做出颠覆性的、影响深远的产品。

周鸿祎不是不关心财富，只是这个概念在他心里没那么重要。对他来说，当中国乃至世界首富都不算过瘾，只有真正做出了一款彻底改变人们生活方式的产品，才是最有意义的事。从这点上说，周鸿祎算是一个理想主义者，一个实用主义者，一个天生的颠覆者、搅局者。西安交通大学计算机研究所的张德运教授曾经是周鸿祎的老师，他高度评价周鸿祎说："周鸿祎在我印象中，脑子非常灵活，他第一看得清楚，能看得长远，看到未来；第二肯拼命干，而不是等待。"

最后，360做事业，就要与众不同。

在他看来，就算你做不出伟大的发明，仍然可以从微小的创新做起。在互联网发展史上，互相之间的借鉴与学习是常见而必要的事情，创新却更加弥足珍贵。周鸿祎强调说，他不管做什么都力求跟别人做的不一样，有时候甚至会反着来，这实际上是一种差异化的竞争策略。他追求与众不同，追求独特的心路历程。

从年轻的时候开始，周鸿祎就是一个十分勤奋的人。大学期间，他认真学习专业课，醉心于计算机编程，动不动就泡在机房里。不过，他也注定是一个不安分的人，《硅谷热》点燃的是他的创业梦想，象牙塔困不住他，他天生便注定是个颠覆者。

基于此，360才找到了很多比钱重要得多的东西，而这些东西，也会帮助360在未来走得更远。

360告诉你：无名小卒也要有梦想

360掌门人周鸿祎曾说："如果你混日子，实际上你是混自己。"

他还说道，你要是白手打天下，那你最后会发现，这个社会越来越公正。目标清晰的人向来会过着有条不紊、充实笃定的人生，即使偶生波澜，偶遇坎坷，也只会将它当作人生中必要的磨炼，咬一咬牙，抗一抗，再努力努力就过去了。走过去后，你会发现天地一片广阔。

这便是360为年轻人总结出来的经验：无名小卒，也要有梦想。

人在年轻的时候，首先需要确立的是人生的方向。在最热血激情的黄金年代，或许你会与一个宏大璀璨的梦想撞个满怀，当你看着镜子里一无所有、无所凭依的年轻的自己的时候，千万不可摇头苦笑质疑你的未来。将一个大梦想，分解成无数个小目标，再一一攻克，路只会越走越远，越走越顺利。

在周鸿祎的人生中，高中那三年占据了很重要的地位。那时候，他刚刚开始接触计算机。他的父亲是专业的工程测绘人员，为了方便工作，单位里专门给他配备了IBM和苹果电脑，供他在家里使用。

少年周鸿祎算是"近水楼台先得月"，接触电脑这个新兴事物的机会便多了起来。而父亲单位里分来的计算机专业的大学生让周鸿祎羡慕又崇拜，他有机会就缠着人家问各种问题，从他们身上学到了不少计算机方面的知识。

周鸿祎终究是少年人心性，喜欢玩电脑游戏，但很快，他便发现了自己在编程上的天赋。那时候，家里为他订阅了一份宋庆龄基金会创办的学生读物《少儿计算机世界》，他如获至宝，一有空闲时间便抱着期刊钻研。有时候，书上的一些程序例子让他颇受启发，他便把相关程序稍做改动，输入计算机中去做各种尝试。

《少儿计算机世界》上曾出现了两个让周鸿祎记忆深刻的名字，一个是梁建章，另一个是宓群。梁建章在上海被奉为"天才儿童"，1977年，他才8岁，就已经开始尝试着运用计算机写诗。同一时期，很多国人甚至不知道计算机究竟为何物。梁建章13岁的时候因为一套自己开发的运用计算机写诗的程序而荣获全国第一届电脑程序设计大赛金奖。15岁时，梁建章初中还没毕业便一举考入复旦大学计算机本科少年班。一年之后，他又成功考入美国佐治亚理工学院。后来，他和其他伙伴一起创建了携程网。

宓群是另一个让少年周鸿祎十分钦佩的人，他的名字常常出现在《计算机世界》上。高中时期的周鸿祎虽然比较擅长Basic语言编程，宓群却能够熟练运用各种机器语言。宓群曾是iTelco Communications公司的共同创始人，亦曾担任过Google公司大中华区投资并购总监，现任光速创业投资董事总经理，主要负责该基金的中国投资。

梁建章只比周鸿祎大一岁,而宓群则比周鸿祎高三、四届。这两个人的事迹让周鸿祎备受鼓舞,从那时候起,他心中便深深地埋下了一颗IT梦的种子。周鸿祎虽然没有梁建章和宓群这种年少成名的经历,但他在计算机编程上的天赋谁也无法否认。在这方面,他总是抱着浓厚的兴趣,学得也特别快。后来他终于如愿以偿,成了西安交大电信学院计算机专业的一名学生,就此确立了此生的前进方向。

但现实是骨感的。互联网元老级人物周鸿祎,曾经所扮演的角色也不过是个无名小卒。

毕业后,他拿着800块一个月的工资,住在地下室,日复一日地重复着繁忙的工作、艰辛的生活。那个时候的周鸿祎,非但没有一丁点质疑懊丧的情绪,反而始终坚信自己能够改变世界、改变中国的未来。他有生猛的勇气,万难不辞其咎的决心,也有脚踏实地的实干精神。

从哪里跌倒,就从哪里爬起来。

两次创业失败的经历让周鸿祎明白,自己还只是一张白纸,想要赢得光荣,就得不断充实自己,让自己变得强大起来。所以,他以无名小卒的身份进入了方正,最大的目的是学习。

在创业路上受阻的年轻人有很多,但并不是每一个年轻人都能拥有得遇困境如遇人生契机的豁达心胸和清醒认识。

在年轻的时候多摔摔跟头能让你清楚地认识到自己的不足,及时停下脚步,调整战术,弥补缺失,一边学习一边成长。周鸿祎用"瞎折腾"来形容初尝创业滋味的自己,他明白"乱撞"是不对的,不妨沉淀下来从最基础的东西学起。

一开始，他就是方正里的无名小卒。公司里大多是来自北大等中国顶级名校的高材生，各个多才多艺，见识丰富，而他堂堂西安交大的研究生，却被映衬得黯然失色。

他和无数北漂一样，住在简陋狭窄的地下室，夏天闷热难忍，冬天冰寒彻骨。周鸿祎没有抱怨，他对这种年轻人必然要经历的艰苦生活早已有心理准备。他很是自得其乐，之前的两次创业失败的经历非但没有磨灭他的意志，反而挑起了他的热情。而这些曾经十分痛苦的经历也让他比同龄人更成熟，更知道自己要的是什么。

从进入方正起，周鸿祎的心态就很端正。他目标明确，做事冷静有条不紊。之前创业时的那股激进、冒进被他彻底按捺了下来，取而代之的是越发沉稳的为人处世，和越发频繁的自我反思。他每天都会总结自己，哪里又进步了一点，还有哪些需要改进。这种积淀对于一个正处于起步阶段的年轻人来说，有着莫大的好处。但不是每个年轻人都拥有这样的耐心。

在方正工作的时候，周鸿祎并没有向别人提起自己两次创业的经历，虽然对于同龄人来说那些有关创业的尝试即使不太顺利，也是熠熠生辉分外值得自夸的经验。何况周鸿祎曾经离成功是如此接近。周鸿祎却绝口不提，他讨厌夸夸其谈式的分享，他明白自己正扮演着的角色是一个无名小卒，那就做好所有无名小卒分内的工作，任劳任怨，一丝不苟。

在那个时候的方正公司，技术大拿们、周身布满光环的各种人才没有一个人知道这个无名小卒的梦想。没有一个人有兴趣了解他早已深深根植于脑海的价值观。周鸿祎如同一尾鲨鱼孤独地游荡于深深的大海中，向着既定的目标努力前行。这种孤独与寂寞反而使周鸿祎变得笃定，变得坚强。年轻的他深信，只有沉下去，才能浮上来。

这种对于未来的自信支撑着周鸿祎怡然自得地过着属于自己的无名小卒的生活，他一面踏踏实实地做着最基础的工作，一面目光敏锐地观察着身边的人，观察着风云变幻的市场，观察着日新月异的世界。虽然内心时常激荡起伏，万千思绪，表面却是一直稳定如山，坚毅如常，那个时候，一文不名的他一步步规划着自己的将来，而年轻人的热血与经验老到的人的成熟在他身上有了奇异的融合，最终迸发出一种令人欣赏的魅力。

也正是这种魅力，才让360一路披荆斩棘，杀出一条血路，实现了从一个"无名小卒"到互联网"鲨鱼"的梦想。

360 致程序员们的宝贵一课

　　360一直是以技术取胜的软件公司，老总周鸿祎也是正儿八经的技术"出身"，这种"根正苗红"的技术员体验，也让他对程序员的艰辛创业了解颇深。

　　回想当初，周鸿祎在还没走出校园大门的时候，便大胆实行了两次堪称"真刀真枪"的创业，第一次他自信满满地闯入了北京中关村，第二次他雄赳赳气昂昂地挺进了河南郑州。不幸的是，这两次创业都迎来了惨淡的结局。

　　成功的花、芽儿向来浸泡在血雨苦泪之中。接连两次的失败让周鸿祎的意志越发坚强，心态越发坦然。他放弃了不切实际的幻想，开始变得务实起来，价值观也渐趋成熟。正是这两次失败的创业经历奠定了周鸿祎今后的成功，也让他积累了很多宝贵的经验。

　　正是这种经验，才使得360一路上行，才让程序员出身的周鸿祎一步步造就了今天的成功。基于这一切，360很乐意向所有致力于创业的程序员传输一点靠谱的"干货"，以免后者陷入迷圈不能自拔。

　　创业的必备元素包括几个好点子、几个值得信赖的合伙人、必要的技术，以及各方面的知识储备、游刃有余的营销手段。但是，即便凑齐了这些创业元素，也并不代表你就一定会成功。

聪明人一定会成功吗？以360的经验来看却不一定。

"很多程序员很聪明，但我一看就知道他们不会成功，因为我看到了一些问题，而且现在太多程序员存在很多误解。因此，我希望把我的观点告诉程序员。或许有一些程序员能够清醒，某个人可能因此我的某一句话有了感觉，对他以后的成长产生了帮助，这就足够了。"周鸿祎说道。

想当初，周鸿祎就是这样一个程序员，聪明机警，自命不凡。这样的程序员技术了得，总觉得自己优秀所以就能成功。实际上，他们中的大多数都是相当盲目的。周鸿祎也曾有过这样的心路历程：自我感觉极端良好，一旦失败就怨怪环境，怨怪时机。直到他彻底想通，才恍然大悟，面对这激烈复杂的市场，自己不过是一张白纸。不去努力经营人生，不去拼命充足自己，成功只能是奢望。

现实是，中国程序员创业的成功率非常低。周鸿祎经历过失败的打击，痛定思痛，在完成脱胎换骨的蜕变之后，才逐步迎来了属于自己的全盛时代。拥有他这种经历的人，放眼望去，少之又少。所以，他才略微痛惜地说："很多程序员的最高理想就是写一个共享软件，一年可以挣几百万。但我希望谈的不是告诉程序员如何挣钱，挣钱很容易，而是要告诉程序员如何去创业。"

程序员创业有其特别之处，各方面的欠缺亦很严重。至关重要的一点是，国内很多程序员的合作心态十分匮乏。周鸿祎曾强调说，很多程序员虽然立志创业，却始终认为自己可以控制所有事情，是世界的王，这种想法特别自大，实际上是认不清自己的表现。在这个世界上，有一种普遍的说法是态度决定一切。很多程序员的态度总带着几分傲气，甚至觉得自己控制了一台机器便能控制一切，不肯踏踏实实低入尘埃里事无巨细地去学习，这是大错特错的。

当程序员成了创业者，他需要打交道的对象有合作伙伴、竞争对手、投资公司、员工等。除了这些，某些时候他面临的是整个社会环境，包括其中的各种势力。营销不简单，管理不简单，市场更是瞬息万变，复杂无比。程序员若是不能转换心态，注定吃不消这一切。如果你不试着去放下固执，不积极寻找各种合作的机会，不逼着自己改变角色，必然走不远。当你励志创业，就要学会适当地妥协，就要灵活走出程序的世界，积极释放善意，积极协调各方关系。

360最看重的，莫过于程序员要学会与别人合作。周鸿祎说："我所谈的不仅仅是程序员与程序员之间的合作，而是包括了程序员和其他各种角色之间的合作。"如果程序员不能保持开放的心态，不能去主动寻求团队合作，除了无法成功转型成创业者之外，其程序员的本职工作也未必能够做好。

很多技术人员往往认为一个好点子、好灵感比较重要，但怎么去实现这个好点子、好灵感却是他们无法想象的事情。所以说，不要用技术人员的思维来指导管理工作，这会出大问题。将创意完美落实，需要整个市场运作的流程，团队合作使得成功概率大大提升。

盲目自负要不得，老把自己当成精英人物是一件很累的事情，动不动就"指点江山""挥斥方遒"的人，更累。不如以开放的心态看待周围的一切，同时多点商业意识，一步步丰富自己，逐渐向创业者身份过渡。

周鸿祎研究生毕业后，并没有急着进行第三次创业。经过前两次的教训，他整个人突然沉稳了下来。他明白了自己真正欠缺的地方在哪里。这时候，他去了国内最好的平台，选择成为一名普普通通的员工，兢兢业业从不抱怨，从最底层开始，一点一滴地去学习。难得有人肯主动放下那种浮躁的心态，相比之前，周鸿祎之后的路果然踏实充实得多。

"我认为现在的很多程序员经验过于不足，他没有认真踏实做过很多工作就奢谈创业。"依据周鸿祎的这句话，我们可以清楚看出他的态度。在他看来，一些野心膨胀、华而不实的程序员，很难成功转型为真正厉害的创业者。创业是一件无比艰难的事情，程序员出身的创业者更是不易，一着不慎便会被打回原形。

当初的周鸿祎选择了360，也选择了一条正确的道路。由此，他跟更多人的人生，才开始变得越发精彩起来。

拯救勇气与锐气

360在选拔年轻人时,最看重的便是他们身上的勇气与锐气。

最好的员工,应该像新生的马,向着朝阳肆意奔腾;像刚出鞘的剑,锋芒毕露、勇气无双、锐气逼人。

年轻人一定是这个世界的未来,年轻人就应当意气风发、挥斥方遒、肆意奔腾、无惧畅想。而如今的年轻人,被捆绑在条条框框里,束手束脚的日子过得太多。在周鸿祎看来,他做天使投资人,其实是在拯救年轻人身上的那股难得的勇气和锐气。

创业者队伍里,大多数是年轻人。与此不同的是,投资人却是一份可以干到老的职业。对于这点,周鸿祎始终观点明晰,眼光独到,他觉得像褚时健这种八十多岁还能东山再起的创业者大概只此一家,绝大多数人到了年过半百的年纪就不会再想着创业的事情了。做投资却不一样,只要你一直有钱、有头脑、有精力、有兴趣,你便可以一直做下去。

周鸿祎在创办360之前,曾走了一段泥泞坎坷的"天使"之路。在这条路上,他有过灿烂辉煌,也有过50%的投资都失败、数千万打了水漂也没听见一声响的体验。他也曾经一投一个准,拯救了不少进退维谷的年轻人、濒死边缘的企业。有邹胜龙、王浩的迅雷，有谢振宇的酷狗，有戴志康的康盛创想，有袁旭勋的迅游，还有吴锡桑的火石……

周鸿祎做天使投资，主要是看人。只要看准人，他就会慷慨解囊，怎么着也得助其一臂之力。正如他说的："做天使投资，最重要的就是看准人。你的投资金额本来就不大，这几个钱连律师都雇不了，更何况去雇什么财务、会计师事务所、审计什么的。要想看准人，其实更多的时候就是打几个电话，做一些背景了解，然后跟创业团队做一个交流。凭你的感觉，你喜不喜欢他，谈得来谈不来，这些小伙子是不是需要你支持，谈过几次，感觉就出来了，所以我觉得最重要的是一定要把人看准。"

在这周鸿祎口中，"Discuz！"的创始人戴志康可谓是"最踏实的80后创业者"。如今已经贵为康盛创想CEO的戴志康经常对媒体说周鸿祎对他的影响最大。虽然他们并非一见如故，但周鸿祎一直比较欣赏戴志康的踏实勤恳的做事风格，而戴志康的创业生涯也受周鸿祎影响颇多。生于1981年的戴志康是黑龙江大庆人，他出生在一个书香世家。戴志康的外公是中国第一批教授，而父母都是大庆石油学院的老师。

2000年，戴志康以优越的成绩考上了哈尔滨工程大学。然而那时候年轻的他总是安抚不了自己的那颗躁动的心。大一的时候他在教室里还能坐得住，渐渐地一颗心飞到了"爪哇国"。上了大二，戴志康果断搬出宿舍，靠着之前卖电话卡的积蓄在校外租了个月租300的小房间。他也不干别的,每天绝大部分时间都坐在电脑面前,鼓捣着属于自己的"一亩三分地"。让戴志康印象最深刻的是冬天的哈尔滨的那种寒冷,楼道里四处灌风,他住的那个小房间里的温度比外面高不了多少。戴志康只好一边哆哆嗦嗦地敲击着键盘,一边往手心里哈着气。就在这种情况之下,他创办了"Discuz!"。

周鸿祎和戴志康虽然不是一个年代的人,却是一个世界的人。他们一开始想做的,就是属于自己的事业,哪怕去打工,也只会抱着学习的目的。戴志强毕业后遭到很多公司的"疯抢",还有人出30万年薪希望能够邀请他加入自己的公司。戴志康委婉拒绝了这些公司的邀约,后来他来到北京中关村,创办了康盛创想科技有限公司。

中关村向来有中国硅谷之称,而康盛创想则是中国早期的社区平台与服务提供商,主要业务方向是软件及其他互联网产品的研发。25岁的时候,戴志康成了中关村最年轻、最负盛名的互联网创业者,康盛创想公司的年营业额一度创下了500万的佳绩。这个成绩让很多风险投资人将目光锁定了戴志康。等到2005年6月,周鸿祎出走雅虎中国成为一名天使投资人之后,他找到了戴志康。

后来有人询问他们第一次见面的情况,是否有一见如故的感觉。戴志康回忆说:"我这人比较慢热,一见钟情、一见如故比较难,外面有的人说他比较凶什么的,其实也不凶。"

两人第一次见面就聊得和谐而融洽,虽然没有一见如故,很多想法却是一拍即合。周鸿祎一开始投了8万美元,之后在他的帮助下,康盛创想获得了红杉好几百万美元的投资。他还曾为康盛创想与谷歌公司牵过头，使得康盛创想获得了100万美元的投资。就这样周鸿祎正式成了康盛创想的天使投资人。钱还是次要，戴志康从周鸿祎身上学到的商场战略、互联网格局分布等实践经验对他的影响比较大。

这一点，戴志强在接受外界采访的时候说得很清楚："他比较讲义气，他把你当自己人的时候会舍身相救，他用自己的口碑和人脉，真是在帮你，不太顾忌得失。另外他在商业上面的感觉也是不错的，因为我原来是技术出身，所以相对来说技术可能比较感兴趣，或者比较擅长一些，但对怎么商业化运作这个公司，怎么系统化做好管理者，这些其实不太擅长。所以其实最早的时候他也帮着做了不少东西，团队组建等。还包括一些理念，比如天使投资人和创业者应该是什么样一种关系。"

戴志康将周鸿祎看作创业领路人，他佩服周鸿祎的创业履历、人生阅历，对于周鸿祎的指导亦满心感激。尽管周鸿祎只为康盛创想投了8万美金，却占有15%的股份。之后的红杉投进100万美元，却也只占据20%的股份。周鸿祎本人也很尊重这位小老弟，每逢戴志康的创业路到了一个转折点的时候，周鸿祎只会给出建设性的指导，不会太多干涉他的选择。

2010年，戴志康选择将一手创立的"Discuz!"以6000万美元的价格卖给腾讯，成为腾讯的子公司。而他本人也进入腾讯，成为腾讯电商控股公司的一员。周鸿祎对此百感交集，那时候马化腾的腾讯与周鸿祎的奇虎360正明里暗里较着劲，而戴志康作为周鸿祎十分信任的小老弟却连人带公司一股脑地"投靠"到了竞争对手旗下，他心里多少不是滋味，况且当时他还持有康盛15%的股份。

但没多久，他便想开了，他越来越明白一个道理，那就是对于天使投资人来说，一个永恒的游戏规则是切勿越俎代庖。天使投资人也许可以成为创业者的导师，但其提的意见再多、再正确也不能代替创业者做决策。毕竟说到底，人生导师骨子里也只是辅助性的角色。

戴志康后来在接受采访的时候也坦言："周鸿祎一开始确实很纠结，后来很支持。对他来说，钱是小事。他会很在乎将来我们会不会跑到他的对立面去，但周鸿祎还是很开明的，最后还是很尊重团队的意见，而且还出了很多主意。"

心胸宽广的人最终会赢得未来，不管是做人还是企业都得铭记这一点。记得一开始那50%的项目的失败投资让周鸿祎多少看清了点投资行业的弯弯绕绕，但他归根到底总还是个有理想有情怀的人。他说过，既然是风险投资，有些失败就必不可免。他周鸿祎毕竟不是个投资机器，凡事只朝着利润最大化看齐。这一向不是他的风格。

周鸿祎还是最看重年轻人身上的那股勇气和锐气，骨子里还是比较倾向于"感性投资"。他只要碰上合适的年轻人，本着帮助的心态，能投点就投点，哪怕好多项目都血本无归，也权当做公益，还老是谦虚地说自己谈不上"天使"，这种坦荡荡的、不惧失败、不怕吃亏的心态使得周鸿祎切切实实地帮助了不少年轻人。

正是这种魄力,才让360不畏各方诟病,努力举起勇气和锐气的大旗,对所有流氓软件和威胁说"不"。

"狭路相逢勇者胜。"360的辉煌故事还在继续。更多年轻人的梦想,也将起航。